제1차 세계대전의 기원

기차 시간표 전쟁

제1차 세계대전의 기원
기차 시간표 전쟁

A.J.P. 테일러 지음 ⊙ 유영수 옮김

페이퍼로드
paperroad

일러두기

1. 이 책은 *War by Time-table* by A. J. P. Taylor를 우리말로 옮긴 것이다.
2. 인명과 지명은 브리태니커 백과에 기준해 표기했으며, 몇몇은 저자의 표기에 따랐다.
3. 옮긴이 주는 본문 중에 각주로 표기했다.

제 1 장

동원을 위한 시간표가

미리 정해지다

재난의 예감. 1913년의 봄이 조심스레 묻는다. "올해 전쟁의 신이 철갑 신발을 신고 꽃들을 짓밟아버릴 것인가?"

20세기가 시작될 때 유럽에는 여섯 개의 강대국이 있었다. 알파벳순으로 오스트리아-헝가리, 프랑스, 독일, 영국 좀 더 정확히 대영제국, 이탈리아, 러시아였다. 이 여섯 나라의 국력은 제각각이었지만 가장 힘이 약한 나라라도, 아마 이탈리아였을 텐데, 중위권 국가들 중 가장 강한 나라보다도 확실히 더 강했다. 러시아는 인구 면에서 가장 컸고, 영국은 금융 자원 면에서 가장 강했으며, 독일은 가장 강한 경제력을 가지고 있었다. 영국의 경제력이 독일에 많이 뒤처지지는 않았다. 1870~1871년에 벌어진 프로이센-프랑스 전쟁[1] 이래로 이 강대국들 사이에 전쟁이 없었다. 분쟁은 있었는데 대체로 유럽 밖의 문제를 놓고 벌어진 다툼이었다. 위협이 오갔지만 1878년 러시아와 영국이 콘스탄티노플을 놓고 거의 전쟁까지 갈 정도로 부딪친[2] 이래로 서로에 대항해 군대가 진짜로 동원된 일은 없었다.

놀랄 만큼 전에 없이 길었던 이 평화는 사실상 어떤 공식적인 조직의 힘을 빌지 않고 이루어졌다. 유럽협조체제[3]는 제도가 아니라 이름일 뿐이었고 이름조차 그다지 실체가 없었다. 나라들은 다른 나라 수도에 대사를 상주시켰고 대사들과 외상들이 많은 문제에 걸쳐 견해를 교환했다. 때로는 우호적이었으며 때로는 그러지 못했다. 정책 결정에 여전히 큰 목소리를 내던 군

---

1 Franco-Prussian War. 1870년 7월부터 1871년 5월까지 프랑스와 프로이센이 이끄는 독일 국가들 사이에 벌어진 전쟁. 독일 통일을 완수하려는 프로이센과 이를 저지해 유럽 대륙의 패권을 유지하려는 프랑스 사이에 프랑스의 룩셈부르크 병합 문제, 스페인 왕위 계승 문제 등으로 갈등이 격화된 상황에서 프랑스의 선전포고로 시작되었다. 전쟁 준비가 안 되었던 프랑스가 8월에 마르스라투르, 그라블로트에서 잇달아 패배했고, 9월 스당에서는 나폴레옹 3세(Napoléon III)가 포로가 되었다. 프랑스는 공화파가 임시정부를 수립하고 저항했지만 9월 19일 파리가 포위되었고 이듬해 1월 28일에 항복했다. 열흘 전 1월 18일 베르사유

궁전에서 제국의 수립을 선포한 독일과 5월 10일 프랑크푸르트 조약을 맺음으로써 전쟁이 종결되었다.
2 1877년 4월부터 1878년 3월까지 벌어진 러시아와 오스만제국의 전쟁에서 러시아가 콘스탄티노플에 진입하려 하자 영국이 함대를 보내 저지하려 한 일을 말한다. 이 전쟁은 17세기부터 19세기까지 열 차례 넘게 일어난 러시아와 오스만제국의 군사적 충돌 가운데 마지막으로 1877년 러시아가 크림 전쟁(Crimean war)의 패배를 만회하기 위해 세르비아와 함께 오스만제국에 저항하던 불가리아와 보스니아-헤르체고비나를 도와 싸웠다. 영국의 압박으로 산스테파노에서 멈춘 러시아가 1878년 3월 오스만제국과 산스테파노 조

다수가 빅토리아 여왕(Queen Victoria 1819~1901 영국의 여왕. 1837년 큰아버지 윌리엄 4세의 서거로 즉위해 영국의 최전성기를 이끌었다. 9명의 자녀가 유럽 여러 나라 왕실과 혼인해 유럽의 할머니로 불렸다.)의 후손인 유럽 군주들이 이룬 대가족의 행복한 모습. 그러나 가족이라는 이유로 이들이 이 그림을 그린 만평가의 바람처럼 사이좋게 평화를 유지하지는 못했다.

주들은 모두 사적으로 친분을 유지했으며, 격에 안 맞는데 베푼다는 듯 프랑스 공화국의 대통령도 자신들의 만남에 끼워주었다. 이러한 모임을 제외하면 국제회의는 드물었다. 1878년 매우 이례적으로 베를린 회의[4]가 열렸지만, 이전의 회의들과 달리 일반적인 문제는 거의 논의하지 않았고, 같은 해 러시아가 오스만 제국에 강제적으로 부과했던 강화조약을 개정하는 데 그쳤다. 1884년 중부 아프리카를 놓고 베를린 회담[5]이 있었고, 1906년 모로코를 놓고 알헤시라스에서 또 한 차례 회담이 열렸다.[6] 두 차례 발칸 전쟁[7]이 벌어졌을 때는 런던에 주재하던 대사들이 정기적으로 만나 영국 외상 에드워드 그레이 경[8]의 주재로 논의를 가졌다. 교전국들의 행동으로 인해 전쟁에 말려들지 않으려는 것이었다. 그러나 이 시기의 국제 관계는 대체로 저절로 굴러가는 것처럼 보였다.

이 자유주의 시대에 사람들은 국가 간의 정치적 관계가 개인들이 이루는 경제적 관계와 마찬가지로 선善을 가져오는 자연법에 의해 규율되고, 그리하여 개인과 마찬가지로 개별 국가들이 스스로의 이익을 추구할 때 국가들 사이에 선이 이루어질 것이라고 생각하게 되었다. 국제 관계에는 세력균형이라 알려진 특별한 법칙이 있었다. 세력균형 또한 저절로 작동하고 있다고

약(Treaty of San Stefano)을 체결함으로써 전쟁이 종결되었다.

3 Concert of Europe. 나폴레옹 전쟁이 끝나고 빈 회의(Congress of Vienna)를 거치며 강대국들 간에 이루어진 국제 체제(international system)로, 영토적, 정치적 현상 유지와 세력균형원칙에 대한 합의에 기반해 유럽의 평화를 유지했다.

4 Congress of Berlin. 1878년 6월에서 7월 사이에 베를린에서 열린 유럽 열강들의 회의로, 러시아가 오스만제국과의 전쟁에서 크게 승리한 후 체결한 산 스테파노 조약을 개정해 베를린 조약(Treaty of Berlin)을 맺음으로써 러시아의 영향력 확대를 방지하려 했다.

5 Berlin Conference. 유럽 국가들이 아프리카 내륙으로 세력을 확장하면서 식민지 경쟁이 불붙었는데 콩고강 하구 지배를 위한 포르투갈의 국제회의 제의에 독일이 1884년 11월 베를린에서 회의를 주최해 유럽의 주요 국가들과 미국이 콩고 분지의 중립과 자유무역, 자유항행 등을 합의했다.

6 1905년 3월 빌헬름 2세(Wilhelm II)가 지브롤터 맞은편의 탕헤르를 방문하는 등 19세기 말 이래 모로코에서 프랑스가 차지한 우월적인 지위에 대해 독일이 도전하면서 제1차 모로코 위기가 벌어졌고, 프랑스와 독일의 분쟁을 조정하기 위해 스페인의 알헤시라스에서 1906년 1월 국제회의가 소집되었다. 회의의 결과

생각되었다. 알 수 없는 섭리에 따라 한 나라가 지나치게 강해지면 다른 나라들이 자동적으로 무게 중심을 옮기게 된다. 자신들이 무엇을 하는지도 모른 채 말이다. 그리하여 무사히 균형이 회복된다.

19세기 후반의 문명은 확실성과 그에 따른 안전이 쭉 지속되리라는 믿음에 기반하고 있었다. 이에 대한 가장 분명한 예가 기차 시간표다. 기차 시간표 덕분에 사람들은 한 달 뒤 혹은 일 년 뒤에 어디에 있을지 분 단위까지 정확하게 말할 수 있었다. 마찬가지로 투자자들은 오십 년 혹은 백 년이 지나도 자신이 투자한 돈을 손실 없이 돌려받을 수 있으리라 절대적으로 신뢰하며 국채를 매입할 수 있었다. 영국에서는 토지 소유자들이 99년 혹은 999년 기한으로 임대계약을 맺었는데, 이들 역시 사회 그리고 돈의 가치가 그 긴 기간 내내 그대로 유지되리라는 믿음이 있었다. 국제 관계도 동일한 예상에 기초해 작동했다. 정치가들은 다른 나라 정치가들과 합의를 맺을 때 시한이 있다고 생각하지 않았다. 이러한 합의들이 쌓여 20세기 초 정치의 모습을 형성한 것으로 보이는 동맹체제가 되었다.

동맹체제는 오랫동안 유럽에 존재했기에 마치 항상 있었던 것처럼 여겨졌다. 그러나 다른 많은 전통들과 마찬가지로 동

로 모로코의 독립과 모로코에서의 무역 자유 및 평등이 확인되었지만, 오스트리아-헝가리를 제외한 열강들이 프랑스 편에 서며 프랑스의 지위가 인정받고 독일이 고립되었다.

7 Balkan Wars. 제1차 발칸 전쟁은 1912년 10월부터 1913년 5월까지 벌어졌다. 오스만제국의 내부 변화에 불안을 느끼고 제국의 쇠퇴를 감지한 세르비아, 불가리아, 그리스, 몬테네그로가 러시아의 후원하에 발칸 동맹을 결성해 오스만제국과 싸웠고 마케도니아 지역을 얻었다. 발칸 동맹국들은 자신들이 획득한 마케도니아 배분에 합의하지 못했고, 1913년 6월 세르비아와 그리스가 동맹을 맺어 불가리아에 맞선 상황에서 불가리아가 먼저 선전포고를 해 제2차 발칸 전쟁이 시작되었다. 몬테네그로, 루마니아, 오스만제국이 세르비아, 그리스 동맹 편에서 참전해 1913년 7월까지 싸웠다. 전쟁은 불가리아의 패배로 끝나 8월에 체결된 부쿠레슈티 조약과 9월에 맺어진 콘스탄티노플 조약으로 불가리아가 획득했던 영토가 상대편 국가들에 분배되었다.

8 Grey, Edward, 1st Viscount Grey of Fallodon 1862~1933 영국의 정치가. 외상(1905~1916)에 있으면서 영국-프랑스 협상 노선을 견지해 독일의 세계정책에 대항했으며 제1차 세계대전이 일어나자 연합국의 단결을 위해 노력했다.

맹체제는 사실 19세기에 만들어진 것이었다. 물론 정치가들이 이전의 여러 세대 동안 "동맹"이라는 말을 써왔다. 그 안에 담긴 것은 동맹을 맺은 나라에 대한 막연한 우호 그리고 어쩌면 전시에 함께 싸울 수 있으리라는 희망이 전부였다. 약속을 명확하게 문서화한 동맹이란 오로지 전시 혹은 전쟁이 임박했을 때만 만들어졌고, 특정한 전쟁이 종료되면 소멸되어 통상적인 국가 관계로 돌아갔다. 1879년 비스마르크[9]가 프로이센과 오스트리아-헝가리제국의 평시 동맹을 수립해 새로운 체제를 출범시켰다. 아이러니하게도 새로운 체제를 만들어낸 장본인은 그 체제를 좋아하지 않았다. 갱신이 없다면 동맹이 5년 동안 지속될 것이라는 조항을 넣었고, 모든 동맹에는 명문화되지 않았더라도 사정변경의 원칙 조항[10]이 포함되는 것이라고 덧붙였다. 그러나 후임자들은 비스마르크의 이 금언을 따르지 않았고, 독일-오스트리아 동맹조약은 유럽 국제법의 불변 사항이 되었다는 생각이 일반적이었다. 독일-오스트리아 동맹의 조항은 간단했다. 한 나라가 러시아로부터 공격을 받는다면 다른 나라가 지원하러 간다는 것, 그리고 그 밖의 다른 전쟁이 일어날 경우에(독일과 프랑스 사이의 전쟁이 매우 가능성이 높았는데) 전쟁 당사국이 아닌 동맹국은 중립을 지킨다는 것이었다.

---

9 Bismarck, Otto von 1815~1898 독일의 정치가. 프로이센의 관리로 시작해 1848년 혁명 후 외교관으로 활약했다. 1862년 프로이센의 재상이 되어 군비를 확장하고 잇따른 전쟁에서 승리해 독일 통일을 이룩했다. 독일 제국의 초대 재상으로 20년 동안 자리를 지켰으나 빌헬름 2세가 즉위하자 충돌이 잦아져 사임했다.

10 rebus sic stantibus. '사정이 그대로인 한에서'가 원래의 뜻이다.

1882년 비스마르크는 자신의 체제에 이탈리아도 포함시켰고, 그리하여 삼국동맹Triple Alliance 체제가 되었다. 삼국동맹 역시 간단했다. 독일과 이탈리아는 둘 중 한 나라를 프랑스가 공격할 경우 다른 한 나라가 지원을 하며, 이탈리아는 독일과 오스트리아-헝가리 둘 중 한 나라라도 러시아와 전쟁을 하게 될 경우 중립을 지키기로 했다. 해가 지남에 따라 좀 더 한시적인 성격의 조항들이 추가되었으나 삼국동맹은 기본적으로 변함이 없었다. 그렇지만 삼국동맹을 매우 중시하는 이들은 거의 없었다. 이탈리아는 영국에 대항하지는 않겠다는 조건을 내세웠고, 따라서 영국이 프랑스와 화해했을 때 삼국동맹조약으로 묶인 동맹국들에게서 돌아섰다. 더욱이 이탈리아와 오스트리아-헝가리는 사이가 좋지 않았다. 이탈리아는 오스트리아의 영토를 탐냈고, 오스트리아 장성들은 이탈리아와의 전쟁을 몹시 원했다. 그들이 이길 가능성이 있는 유일한 전쟁이었다.

동맹이 확산하다

비스마르크 체제는 침략국으로 추정되는 프랑스와 러시아에 대한 안보를 제공하도록 구상되었다. 하지만 이 두 나라도

동맹체제의 설계자 비스마르크. 그는 독일-오스트리아 동맹이 유럽 정치에서 상수가 되는 것을 결코 의도하지 않았다.

마찬가지로 독일로부터 공격받을 것을 염려했고 무척 망설인 끝에 1894년 동맹을 맺었다. 매우 이상하게도 여기에는 명확한 정치적 합의는 없고 군사협정만 있었다. 군사협정은 독일이 프랑스를 공격하면 러시아군의 적어도 삼분의 일이 독일에 대항해 행동하기로 되어 있었다. 또한 오스트리아-헝가리가 러시아를 공격하면 프랑스는 반드시 참전하지는 않더라도 동원하기로 되어 있었다. 가장 별난 것은 이 협정이 삼국동맹이 계속되는 한에서만 지속된다는 것이었다. 프랑스나 러시아나 삼국동맹의 조건을 알지 못했음에도 불구하고 그렇게 정했다. 이 규정은 1899년에 삭제되었다.

강대국들과 약소국들 사이에 다른 동맹들도 존재했다. 예를 들어 오스트리아와 독일이 루마니아와 동맹을 맺었는데 러시아의 공격에 대항하는 것이었다. 영국과 포르투갈 사이에도 오랫동안 지속된 동맹이 있었다. 그리고 모든 강대국이 참여한 세 개의 일반적인 보장조약이 있었는데, 스위스, 벨기에, 그리고 모호하게나마 룩셈부르크를 위한 것이었다.[11] 유럽 밖에서는 영국과 일본의 동맹이 있었다. 이 동맹은 1905년 이후 서로 제삼국에 의해 공격받으면 지원하겠다고 약속했는데, 1911년 이후 미국에 대해서는 적용하지 않게 되었다. 하지만 이 모든 것은 부차적

---

11 세 나라의 중립을 보장하는 조약으로, 각각 1815년 빈 회의 최종의정서, 1839년 런던 조약, 1867년 런던 조약이다.

이었다. 유럽의 근본적인 균형은 한쪽에 프랑스-러시아 동맹, 즉 이국동맹Dual Alliance과 다른 한쪽에 삼국동맹, 좀 더 현실적으로는 독일-오스트리아 동맹 사이의 균형이었다. 양측은 모두, 조항을 문자 그대로 받아들인다면, 철저하게 방어적이었다. 공격을 당했을 때만 작동하도록 되어 있었고, 모든 강대국이 자신들은 전적으로 방어에만 노력을 기울인다고 선언했으므로 이론상 전쟁이 불가능했다.

 강대국들 사이에 분쟁을 가져올 직접적인 원인은 거의 없었다. 독일은 유럽에서 더 이상의 영토를 원하지 않았다. 발트 국가에 거주하는 독일인들이나 오스트리아에 거주하는 독일인들은 독일의 관심 대상이 아니었다. 프랑스는 전쟁이 일어난다면 알자스와 로렌을 회복할 것이었지만, 프랑스인들은 대부분 그 두 지역을 회복하기 위해 전쟁을 시작하지 않을 것이라는 데 생각을 같이했다. 러시아는 콘스탄티노플과 보스포루스-다르다넬스 해협을 세력권에 넣고 싶어 했을 것이나 다른 강대국에게 넘어가지 않는 한 꽤 만족했다. 오스트리아의 일부 군국주의자들이 1859년과 1866년에 상실한 이탈리아 내 영토[12]를 회복할 공상을 하고 있었지만 현실성이 없었다. 많은 이탈리아인들이 좀 더 절박하게 남부 티롤과 트리에스테의 미수복지를 해방시키기를 원

---

12 오스트리아는 제2차 이탈리아 독립전쟁(1859)에서 프랑스-사르데냐 연합군에 패배해 롬바르디아를 넘겨주었고, 통일 후 프로이센과 동맹을 맺고 프로이센-오스트리아전쟁(1866)에서 함께 싸운 이탈리아에게(제3차 이탈리아 독립전쟁) 베네치아를 넘겨주었다.

했지만 그럴 힘이 없었다.

그러나 분쟁은 의도하지 않게, 또는 겉보기에 사소하고 유럽에서 멀리 떨어진 곳의 문제에서 야기될 수 있었다. 영국과 프랑스는 1893년에 시암을 놓고 1898년에는 나일강 상류를 놓고 거의 전쟁을 할 뻔했다. 독일과 프랑스는 1905년과 1911년에 모로코를 두고 전쟁에 꽤 가까워졌었다.[13] 러시아와 영국은 근동, 페르시아, 아프가니스탄, 그리고 중동을 놓고 거듭해서 위급한 상황을 만들었다. 러시아와 오스트리아-헝가리는 발칸 반도 문제로 위급을 알렸다. 처음에는 불가리아, 나중에는 세르비아가 문제였다. 종종 이 분쟁들로 인해 동맹이 작동할 상황에 다가가기도 했다. 예를 들어, 불가리아를 둘러싼 다툼 끝에 러시아가 오스트리아-헝가리를 공격하게 된다면 독일이 동맹조약에서 약속한 대로 오스트리아-헝가리를 도와야만 할까? 아니면 모로코를 놓고 다투다가 독일이 프랑스를 공격하게 된다면 러시아가 프랑스-러시아 동맹조약의 약속을 이행해야만 할까? 대체로 각 나라는 그런 귀결을 배격했다. 동맹 작동의 조건을 발생시킨 공격은, 20세기 후반의 용어로 표현하자면, "정당한 이유 없는 공격"이어야만 할까? 이에 비스마르크는 1880년대 동안 불가리아 문제에 관해 오스트리아-헝가리에 지원을 약속하기를 단호히 거

---

13 1905년 3월 빌헬름 2세의 탕헤르 방문으로 벌어진 제1차 모로코 위기에 이어(역주 6 참조), 제2차 모로코 위기는 프랑스가 모로코 내란에 개입하기 위해 병력을 투입하자 1911년 7월 독일이 이에 맞서 전함 판터(Panther)호를 아가디르로 파견함으로써 일어났다. 같은 해 11월에 독일이 프랑스령 콩고 지역 영토를 얻는 대신 프랑스의 모로코 보호통치를 인정하는 데 합의함으로써 위기가 해소되었다.

부했다. 비스마르크는 "오스트리아-헝가리가 러시아에 맞서기를 원한다면 다른 동맹국을 찾아야 할 것"이라고 말했다. 영국과 이탈리아가 될 것이었다. 이보다 뒤인 1905년과 1911년 두 차례 모로코 위기 시에 러시아는 프랑스를 지원하기를 거부했다. 프랑스도 1908년 보스니아 위기[14] 시에 러시아를 지원하기를 거부했다.

　　매일매일의 일상적 사안에 있어 조약으로 명확하게 기술된 동맹은 비교적 중요하게 간주되지 않았으며 최후의 수단으로 여겨지는 데 지나지 않았다. 정말로 중요했던 것은 좀 더 모호하고 명문화되지 않은 예전 방식의 유대였다. 나라 간 관계의 양상은 예전과 같았다. 삼국동맹과 이국동맹의 대립이었다. 그러나 이렇게 일반화하기에는 예외적인 일이 많았다. 예를 들어 프랑스는 콘스탄티노플과 보스포루스-다르다넬스 해협에 러시아가 지배권을 구축하는 것에 여러 나라들 가운데 가장 크게 반발했다. 그렇지만 프랑스는 러시아의 극동에 대한 야망을 모호하게나마 승인했다. 오로지 러시아가 근동으로부터 눈을 돌리게 만들기 위해서였다. 반면 독일과 오스트리아-헝가리는 이익이 충돌하지 않았지만 일치하지도 않았다. 독일은 발칸 반도에 거의 혹은 전혀 주의를 기울이지 않았다. 발칸 반도는 오스트리아-헝

14　1908년 10월 오스트리아-헝가리가 1878년 이래 실질적으로 관리해오던 보스니아와 헤르체고비나 합병을 일방적으로 선언함으로써 세르비아, 몬테네그로 등 발칸 국가들과 강대국들의 반발을 불러온 일을 말한다.

가리가 유일하게 몰두한 지역이었다. 오스트리아–헝가리는 대규모 해군 건설과 식민지 획득으로 대변되는 독일의 세계정책[15]에 완전히 무관심했다.

영국이 홀로 떨어져 서다

영국은 줄곧 평시 동맹으로 구속받기를 원치 않았다. 포르투갈과의 동맹이라는 역사적 유물이 유일한 예외였다.[16] 하지만 영국의 행보로 인해 나라 간 관계의 성격을 이해하는 일이 모호해졌다. 결국 전쟁 말고 덜 중대한 많은 일을 위해서 동맹이 아니더라도 우호관계가 필요했다―특히 오스만제국, 중국, 이집트 같이 관리가 부실한 제국의 금융을 국제적으로 감독하는 일 등이 필요했다. 한때 영국은 오스만제국 문제로 러시아에 맞서기 위해 오스트리아–헝가리, 이탈리아와 협력했다. 영국은 또한 이집트 문제로 프랑스에 맞서기 위해 독일, 이탈리아와 협력했다. 중국 문제에서는 러시아에 맞서기 위해 독일과 협력하려 했지만 실패했다. 이후에 영국은 프랑스, 러시아 두 나라와의 다툼으로부터 협상entente이라고 일컬어진 합의를 이끌어냈다. 협상은 단어가 뜻하는 대로 단지 의견 차이를 조정했다는 의미였을까? 아니

---

15 Weltpolitik. 독일 황제 빌헬름 2세의 대외정책을 말한다. 빌헬름 2세는 독일이 경제적 능력에 걸맞은 지위를 얻는 것을 목표로 대외적으로 공격적이고 팽창적인 행동을 취했다. 새로 탄생한 독일 제국의 안정과 번영을 꾀하며 그 조건이 되는 유럽 대륙의 평화를 위해 동맹을 통한 세력균형으로 현상을 유지했던 이전 시기 비스마르크의 대외정책과 대비된다.

16 영국과 포르투갈은 1373년 영국-포르투갈 조약과 1386년 윈저 조약(Treaty of Windsor)으로 동맹을 맺은 이래로 포르투갈이 스페인과 1580년부터 1640년까지 이베리아 연합을 맺은 때를 제외하고 관계를 유지했으며 18세기 칠년전쟁, 19세기 나폴레옹 전쟁 및

20세기 두 차례의 세계대전에 이르기까지 동맹을 재확인했다.

❶ 영국–프랑스 협상 조인 기념식수를 하는 에드워드 7세(Edward Ⅶ 1841~1910 영국의 국왕. 빅토리아 여왕의 장남으로 1901년 즉위
했고 1910년 사망해 아들 조지 5세가 왕위를 물려받았다.). 프랑스와 영국의 새로운 우호관계를 굳게 하다.

❷ 새로운 동반자: 영일동맹(영국과 일본이 1902년 러시아 견제와 양국의 이익권 인정을 합의하며 맺은 제1차 영일동맹이 1905년 일본의 한국에
대한 침략과 지배를 승인하는 제2차 영일동맹으로 개정되었고 1911년 다시 한번 개정되어 제3차 영일동맹으로 이어졌다.)

❸ 1907년 헤이그 평화회의(네덜란드 헤이그에서 1899년에 이어 두 번째로 열린 국제평화회의로 전쟁에 관한 규칙과 평화 유지 방안이 논의되었
다.)에서의 난관. 평화의 여신: "제가 발톱을 다듬어 드릴까요?" 독일 독수리: "고맙지만 긴 게 좋습니다."

❶ 전쟁에 사용된 철도. 발칸 전쟁에서 터키인들을 상대로 포위전을 벌인 아드리아노플로 향하는 불가리아군. 20세기 첫 유럽 전쟁이었던 발칸전쟁은 제1차 세계대전을 잘못 예고한 전주곡이었다. 병사들에게는 기관총이 거의 없었고 주로 총검에 의지했다. 결정적 승리는 여전히 집중과 기동으로 얻어질 것처럼 보였다. 전쟁이 끝날 무렵이 되어서야 터키인들이 뒤늦게 참호를 파고 방어에 들어가 힘을 회복하는 일이 있었다.

제1차 세계대전을 위한 무대연습, 그러나 훗날 경험을 살리지 못했다

러일 전쟁은 1878년 이래로 강대국 간의 유일한 대규모 전쟁 경험이었다. 참호전, 무의미한 살상, 자질 미달의 지휘, 전쟁의 신이 되어버린 기독교의 신, 패전국에서의 혁명까지 훗날 제1차 세계 대전의 특징이 된 모습이 전부 이 전쟁에 미리 등장했다. 다른 나라의 참관인들이 전선까지 달려 왔고, 일반참모들이 이 전쟁에 관한 묵직한 연구를 내놓았다. 그러나 가치 있는 교훈을 아무도 발견하지 못했다. 참호를 파고 대치한 장기간의 교착상태에 대해 말하지 않았다. 대중의 군대가 기동전을 불가능하게 만들었다는 사실에 아무도 주목하지 않았다. 아무도 기관총에 맞서 기병을 내보내는 것이 소용없다는 것을 알아차리지 못했다. 아이러니하게도 두 교전국 러시아와 일본은 곧 다른 나라들을 밀어내고 중국을 침탈하는 제휴를 맺었다.(1907년 7월부터 1916년 7월까지 러시아와 일본은 만주 분할과 미국의 만주 진출에 대한 공동 대응 등에 관해 네 차례 합의를 체결했다.)

❷ 열차에서 말을 내리는 러시아 기병대
❸ 전쟁 초기 진군하는 러시아군. 포위전으로 길고 힘든 교착상태가 시작되기 전이었다.

면 좀 더 일반적인 협력관계를 의미했을까? 때로는 전자였고 때로는 후자였다. 영국-프랑스 협상이 성립된 1904년 이후 영국은 프랑스와 내내 관계가 좋았고, 독립적인 프랑스를 유지하는 것이 영국에게 중요한 이익이라고 말할 수 있을 정도였다. 그러나 프랑스에 군사 지원을 확고히 약속하지 않았다. 영국은 러시아와는 1907년 협상 성립 이후에도 종종 관계가 냉랭했다. 확실히 영국은 러시아가 강대국으로 남아 있는 것이 자국의 이익에 핵심적이라고 밝히지 않았다.

모든 나라가 자신의 안보와 권력을 유지하기 위해 동맹에 의존했지만 스스로의 능력에 훨씬 더 크게 의존했다. 결국 스스로 강하지 못하면 동맹국으로서 가치가 없었다. 대륙 국가들이 갖춘 능력은 공통된 형태를 띠었다. 모든 대륙 국가는 국민개병제에 기초하고 주로 보병으로 이루어진 막대한 규모의 육군을 보유했다. 모든 강대국이 이러한 시스템을 도입했고, 대부분의 약소국들도 프로이센-프랑스 전쟁에서 프로이센이 승리한 후에 그렇게 했다. 원칙적으로 모든 젊은 남성들이 이 년이나 삼 년가량 집중 군사훈련을 받고 이후 몇 년 동안 소집에 응해야 했다. 그리고 나서 예비군에 편입되었는데, 독일을 제외한 모든 나라의 군 당국이 예비군은 새로운 군사훈련을 받아야 전쟁 수행에 적합하다고 판단했다. 이러한 시스템이 완벽하게 돌아갔던 것은 결코 아니다. 대부분의 나라에서 대학이나 다른 고등교육기관에 진학하는 사람들은 병역을 1년 면제받았고, 러시아처럼 산업 자원보다 인구가 풍부한 나라에서는 많은 남성들이 제대로 된 어떠한 종류의 훈련도 받지 않고 병역을 피할 수 있었다. 여전히 모든 나라가 전쟁 발발 수주일 만에 무장시킬 몇백만의 남성이 있다는 사실에 의지하고 있었다.

이는 동원이라는 용어로 불리는 대규모 군사행동이었다. 정해진 신호가 발동되면—주로 공공장소 게시판에 붙은 현수막을 보고—제대한 지 얼마 안 되는 모든 남성이 통지서에 표시된 집결지로 가서 배속 부대에 합류하도록 되어 있었다. 이어 이들이 집결해 만들어진 단위 부대들이 모여 상위 편제를 이루고 마침내 군대의 조직이 완성되는 것이었다. 병력만 이동하는 것이 아니고 각종 포와 포탄 또한 평시에 배치된 곳으로부터 이동해 집결해야 했다. 가장 눈에 띄는 일은 말의 이동이었다. 대부분의 말들이 평상시 노역하던 곳으로부터 동원되었다. 기병대에 배속된 말과 예비용으로 추가된 말을 제외하고도 대포 및 보급품 운반 마차를 끄는 말, 야전병원으로부터 야외취사장까지 보병부대에 필요한 모든 것을 수송하는 말, 그리고 무엇보다 전령의 역할을 수행하거나 병사들의 행진을 지휘하는 장교들이 타는 말이 있어야 할 것이었다. 프랑스 철도의 모든 화차에는 "사람 40명 또는 말 8마리"라는 문구가 오랫동안 적혀 있었다. 다른 나라 철도 화차에도 비슷한 지시사항이 쓰여 있었다. 이 모든 일의 진행을 철도가 담당했다. 철도의 역할은 군대들이 예상 전투 지점에 도달할 때까지였는데, 일반참모부는 앞서 몇 년에 걸쳐 완벽한 시간표를 만들기 위해 애썼다. 동원에 속도가 핵심이라는 것이 어디서나 보편적인 교리였다. 어느 나라든 가장 먼저 동원을 완료하는 나라가 가장 먼저 공격할 수 있고 상대편이 준비되기 전에 전쟁에 이길 수도 있을 것이었다. 그리하여 동원을 위한 시간표는 훨씬 더 정교해지고 복잡해졌다.

1914년 8월 프랑스의 동원을 몸소 지켜본 육군 소장 에드워드 스피어스 경[17]이 이에 따르는 문제들의 핵심을 짚었다.

> 만일 동원이 지연되거나 속도가 느리다면, 완전히 장비를 갖추고 진격해오는 적군을 준비가 안 된 상태에서 맞을 수밖에 없다. 이는 재난이 될 것이다.
> 시간이 중요하기 때문에, 군대들이 동원되자마자 정확히 어디서 부여된 임무를 즉시 수행할 수 있을지 반드시 알아야

---

17 Spears, Edward 1886~1974 영국의 장군. 제1차 세계대전에 영국군의 연락장교로 참전했고 제2차 세계대전 때는 프랑스 국방부에 파견되었다가 위기에 처한 드골을 데리고 귀국했다. 전간기에는 하원의원을 지냈고 제2차 세계대전 중 시리아와 레바논 공사로 외교관의 역할을 수행했다.

큰 경험을 한 영국군. 2만 명의 보어인들을 무찌르기 위해 50만의 영국군이 필요했다.

❶ 포병대의 전진

❷ 보어인들에 대한 포격

한다. 광범위하게 기동작전을 벌일 틈이 없다. 동원 자체가 기동작전이어서 동원이 완료되면 군대들이 미리 마련된 계획에 따라 공격할 수 있어야만 한다.

따라서 그러한 계획이 두말할 필요 없이 엄청나게 중요하다. 그리고 필연적으로 다소 융통성이 없을 수밖에 없다. 사전에 모든 세부사항이 계획되어야 하기 때문이다. 동원 명령이 내려지는 순간부터 모든 이들이 어디로 합류해야 하는지 알아야 하고 정해진 시간에 도착해야 한다. 각 단위 부대는 일단 완전히 장비를 갖추면 정해진 날 약속된 시간에 자신들을 기다리고 있는 기차를 타고 사전에 계획된 목적지를 향해 앞으로 나아갈 준비가 되어야 한다. 그러면 다음으로 기차는 철저하게 준비된 철도 운행 계획에 따라 이동해야 한다. 각 단위 부대는 또한 상급 부대의 지정된 지점에 하차해야 하며, 상급 부대들 역시 기본 계획에 따라 집단을 이루며 위치해 있어야 한다. 동원이 진행되는 동안에는 어떠한 변동이나 변경도 불가능하다. 프랑스인들이 그랬듯이 거의 삼백만의 병력과 열차 4,278대의 이동에 관해 계획에 없는 일을 한다는 것은 생각조차 할 수 없다.

이러한 전면적인 동원을 위한 대단한 계획에는 흥미로운 측면이 있었다. 나라들이 수년에 걸쳐 계획을 세우고 다듬어 왔음에도 불구하고 실제로 시도한 적은 없었다. 러시아가 대군을 동원해본 유일한 강대국이었다. 러일 전쟁에서였는데, 시간표를 실행해볼 수 있는 기회는 아니었다. 러일 전쟁에서 러시아군은 끝없이 펼쳐진 시베리아의 황무지를 지나야 해서 일시에 신속하게 전장에 도착할 수 없었다.[18] 따라서 전체 병력을 한꺼번에 대대적으로 전투에 투입하는 것을 생각할 수 없었다. 다른 나라도 물론 기동작전을 펼치거나 동원을 위한 기차 시간표가 잘 돌아갈 것인지 때때로 시범 운행을 해보기도 했다. 그러나 어느 누구도 동원이 시작되어 백만 단위의 사람이 이동해야 할 때가 실제로 왔을 때 어떤 일이 벌어질지 전혀 알지 못했다. 어떤 나라, 특히 독일의 일반참모부는 철도 수송의 효율성을 신뢰해 오류나 나쁜 일이 생길 경우를 대비한 여유를 둘 필요가 없다고 생각했다. 다른 나라, 특히 러시아와 오스트리아의 일반참모부는 일이 종종 잘못될 수도 있으리라 예상해 시간표에 여유를 두었다.

어느 나라의 동원 계획도 시간표의 진행을 방해할 수 있는 요인 하나를 가정하지 않고 있었다. 바로 적이었다. 동원의 진행 속도는 나라마다 다를지 모르지만 어느 나라든 경쟁하는 다

---

18 러일 전쟁 당시 시베리아횡단철도가 부설되어 있었지만 단선이어서 수송량이 제한적이었고, 환바이칼 철도 구간이 건설 중이라 페리에 차량을 싣고 바이칼 호수를 건너야 했던 것도 병력과 물자 수송을 더디게 했다.

른 나라들보다 시작부터 유리할 수는 없다고 생각했다. 그런데 이러한 생각이 여기서 그치지 않고, 몇 주가 지나서나 심지어 예외적인 독일의 경우처럼 다른 나라 혹은 적국에서 동원이 완료되었을 때조차도 적에게 방해받지 않는다는 가정하에 계획이 세워졌다. 크림 전쟁이 끝나고 나서의 일이다. 영국군 의무감이 군의 의료체계가 붕괴되었다는 비판에 이렇게 대답했다. "군의 의료체계는 사상자가 생기지 않았다면 완벽하게 돌아갔을 겁니다." 마찬가지로 1914년이 되기 전에 일반참모부도 이렇게 말할 수 있을 것이었다. "적이 방해하지만 않는다면 우리의 계획은 완벽합니다." 동원 계획의 성공 여부를 어느 정도 보여줄 수 있는 기동작전마저도 마치 서양장기에서처럼 특별한 수로 결판나게 되었다. 결정적인 지점을 점령한다면 기동작전은 끝나게 되는 것이었다.

경험이 거의 전무한 상황

실제 전투를 모의로 치러본다는 것은 불가능하지는 않더라도 어려운 일이었다. 또한 러시아를 제외한 다른 나라의 참모장교들에게는 도움이 될 만한 전투 경험이 전혀 없었다. 러시아인들은 러일 전쟁 때 병참 문제에 맞닥뜨렸는데, 전쟁이 일대 혼란 상황이라는 점 빼고 거의 배운 것이 없었다. 어떻게든 군대들을 한데로 모아서 앞으로 튀어나가게 하는 것이 유일한 방법이라고 러시아인들은 결론을 지었다. 그들은 제1차 세계대전 내내 이 방법을 적용했다. 영국군은 보어전쟁에서 상당한 전투 경험을 쌓았지만, 그때의 경험은 피할 곳이 많은 적을 상대로 숙련된 소수의 병력으로 신속하게 기동하는 전투를 하는 것이었다. 이탈리아인들은 아비시니아와 리비아에서 얼마간 전투 경험을 했지만, 그들의 군사작전에는 별로 칭찬할 것이 없었다. 프랑스인들과 독일인들은 사실상 경험이 전무했다. 프랑스인들이 모로코에서 식민지 군사작전을 벌였던 일과 독일인들이 남서부 아프리카에서 헤레로인들을 상대로 싸웠던[19] 일에는 가치 있는 교훈이 없었다. 독일의 전략가들 중 가장 영향력 있던 슐리펜[20]이 전투에 참가한 적이 전혀 없다는 사실은 특히 아이러니했다. 프로이센-프랑스 전쟁 때도 이미 현역 장교였지만 전투를 경험하지 않았다.

　　전투 경험이 없던 이러한 전략가들은 모두 자신들의 계획은 마지막 상세한 부분까지 절대 바뀔 수 없으며 상황에 따라 유연하게 변경하는 일은 그 어떤 것이든 불가능하다는 신조를 굳

---

19 현재의 나미비아 지역인 독일의 남서부 아프리카 식민 지배에 항거한 헤레로인들의 반란을 독일인들이 진압한 일로 1904년에 시작되어 1907년까지 헤레로인의 사분의 삼이 몰살당하는 결과를 낳았다.
20 Schlieffen, Alfred von 1833~1913 독일의 육군 원수. 1891년부터 1905년까지 참모총장을 지내며 독일의 공격 계획인 슐리펜 계획을 수립했다.

평화 옹호자들과 무력 지지자들

❶ 아우구스트 베벨. 독일사회민주당의 지도자로 전쟁에 반대하는 총파업을 부르짖었으나 실행에 옮길 진지한 의도는 없었다.

❷ 비비아니. 과거에는 사회주의자이자 급진적 웅변가였고 1914년 수상으로서 프랑스를 전쟁으로 이끌었다.

❸ 대(大)몰트케. 비스마르크가 벌인 전쟁을 승리로 이끌었다.

❹ 소(小)몰트케. 대(大)몰트케의 조카로 빌헬름 2세의 소극적인 최고사령관이었다.

❺ 콘라트 폰 회첸도르프. 오스트리아 육군 참모총장. 명성 높은 전략가였지만 전투에서 이긴 적이 없었다.

❻ 조제프 카이오. 평화를 외치는 중에 그의 아내가 프랑스 주요 신문의 편집장을 살해했다.

❼ 베르히톨트. 오스트리아–헝가리의 외상으로 제국의 위신을 다시 세우려 했다.

❽ 그레이. 영국의 외상으로 긴장을 해소하려 노력했다.

게 지켰다. 그들은 계획을 정교하게 짜면서 한층 더 자신들의 시간표에 묶여버렸다. 그들에게는 동원이 단 한 번의 최종적인 작전으로 보였다. 동원은 특정한 방식으로 수행되어야 했고 그러고 나면 뒤따르는 전쟁의 전체 모습을 결정지을 것이었다. 게다가 동원 계획은 평시에 마련되었고 때때로 시험을 거치기도 했기에 전쟁이 발발한 후에도 평시의 조건이 계속되리라 무의식적으로 가정했다. 말하자면 일상적으로 돌아가는 평시 사회에 전쟁만 더해진 셈이었다. 따라서 군용 열차들의 시간표가 서로 맞아야 했고 승객과 화물을 실은 일반 열차들과도 맞아야 했다.

정치적 관점에서 동원 계획은 아무것도 없는 진공상태에서 만들어진 것과 같았다. 계획은 기술적 관점에서 최선의 결과를 목표로 했지만 전쟁이 일어나게 되는 정치적 조건이나 특정 계획에 따르는 정치적 결과를 고려하지 않았다. 군 전략가들과 민간 정치가들 사이에 서로 의견을 구하는 일은 거의 없었다. 정치인들은 일반참모부가 전쟁이 발발하면 승리하기 위해 최선을 다하고 있다고 생각했고, 정책이 군사행동으로 어떻게 보강될 수 있을지는 숙고하지 않았다. 대전략가 클라우제비츠[21]가 제시한 "전쟁은 다른 수단에 의한 정책의 연속이다"라는 교리는 설 자리가 없었다. 전쟁은 이제 그 자체를 위해 수행되는, 이론 공식

---

21 Clausewitz, Carl von 1780~1831 프로이센의 장군, 전략가. 1792년 입대해 프랑스혁명전쟁에 참전했고 1801년 베를린의 사관학교에 들어가 게르하르트 폰 샤른호르스트(Scharnhorst, Gerhard von)에게서 군사학을 배웠다. 나폴레옹 전쟁에 참전했다가 1806년 예나 전투에서 패배해 포로가 되기도 했고, 1807년 귀환해 샤른호르스트와 함께 프로이센군의 개혁에 참여했다. 1812년 프랑스 편에서 러시아 원정에 나서야 했을 때 거부하고 러시아군에서 복무했다. 1818년부터 1830년까지 베를린 육군학교 교장을 지내며 군사학 연구에 매진했다. 1831년 콜레라로 사망한 후 『전쟁론』 및 다른 저술이 아내에 의해 출판되었다.

에 따르는 행동이 되었다. 이러한 태도는 전쟁이 일어났을 때조차도 계속되었다. 따라서 교전국들은 어떤 명확하고 특정한 이익을 얻기 위해서가 아니라 오로지 승리를 위해서 싸웠다.

군 전략가들은 동맹국의 동료들에게 좀 더 적극적으로 다가갔으나, 계획을 조율할 정도는 아니었다. 영국인들은 예외적인 경우였는데 거기에 명백한 이유가 있었다. 영국 제도諸島 내에서 동원이 이루어진다 하더라도 자동적으로 전쟁으로 이어지지는 않을 것이었다. 육군은 나라 밖 어느 곳으로 파병되어야 할 것이어서 영국 참모부는 프랑스 원정 계획을 정교하게 짰다. 이렇게 해서 해양국가로서의 지리적 위치 덕에 전략이 가장 유연했던 영국은 가장 경직된 전략을 갖게 되었다. 프랑스인들은 상응하는 태도를 보이지 않았고 단지 영국군을 프랑스군에 매어 놓았다. 프랑스인들의 머릿속을 떠나지 않았던 가장 염려스러운 일은 독일인들이 프랑스를 침략할 때 러시아인들은 오스트리아-헝가리에 대항하는 데 전력을 쏟을지 모른다는 두려움이었다. 프랑스-러시아 동맹이 체결된 순간부터 프랑스인들은 러시아군의 상당 부분이 독일에 대항하는 데 맞춰져야 한다고 주장했다.

러시아인들은 거대한 규모의 군이 독일 전역戰域에 투입될 수 있음을 보여주는 그럴듯한 숫자들을 주저 없이 제시했다.

가상 대작전 연습

각국은 평시에는 결코 대규모 병력 동원을 하지 않았다. 철도 운행에 지탱할 수 없는 과부하가 걸릴 것이고, 전면 동원소집을 실행하면 시민들의 삶이 혼란에 빠질 것이었다. 일반참모부는 점점 더 복잡한 일들을 상정한 시간표를 짜가며 워게임을 하는 데 시간을 들여야 했다. 여기에 집중하다 보니 적국이 무엇을 하고 있는지 고려할 틈이 없었다. 여름에 가상 작전 연습이 최고조에 달했다. 이때 장군들과 참모들은 하루에 두 번 긴 식사 시간을 넣을 정도로 정교하게 짜인 각본에 따라 기동 연습을 열심히 했다. 만일 누군가 각본에 없는 행동으로 이기면 검은 표식을 붙이는 벌칙을 주었다. 전쟁이 발발하자 실상은 화려한 제복을 입고 단조로운 각본으로 실행한 여름철의 즐거웠던 연습과는 전혀 달랐다.

❶ 작전 연습 중에 카메라 앞에서 화려한 제복을 입고 포즈를 취한 독일군 장교들
❷ 신 무기를 받아 작전 연습을 하는 프랑스 병사들. 제1차 세계대전 이전 어느 나라 군대도 기관총이 전쟁하는 방식에 가져올 결과를 생각하지 못했다.

하지만 러-독 국경까지의 전략 철도 건설을 실질적으로 검토하는 일에는 적극적이지 않았다. 프랑스인들은 전략 철도 건설에 사용하라며 몇 차례나 러시아에 차관을 제공했으나 러시아인들은 번번이 그러한 조건을 회피했다. 러시아의 기차 시간표는 문서상으로는 훌륭해 보였지만 철도가 건설되어 있지 않았으므로 대체로 상상의 산물일 뿐이었다.

독일과 오스트리아-헝가리 사이에는 전략을 조율하는 일이 놀랄 만큼 없었다. 특히 두 나라가 "군국주의를 표방하는 군주국"으로 잘 알려져 있다는 것을 생각할 때 그렇다. 독일인들은 이탈리아군을 프랑스 전선으로 이동하는 정교한 계획을 짰고, 이탈리아인들은 그러한 계획에 대단히 기뻐했다. 그러나 이탈리아인들은 프랑스와의 전쟁에 참전할 의도가 없었고, 실제로 때가 왔을 때도 그러지 않았다. 그러므로 오랫동안 이어진 논의에는 목적이 없었다. 독일과 오스트리아-헝가리 사이에는 공동으로 전쟁을 수행한다는 모호한 말에서 더 나아간 것이 없었다. 독일인들은 오스트리아가 러시아에 맞서 싸우는 대신 발칸 반도에 힘을 모두 쏟을까 의심했지만 이를 바꿀 도리가 거의 없었고 러시아에 대해 연합 작전을 계획해보려는 시도도 없었다. 확실히 독일인들은 독일 동부의 영토를 방어하기 위해 오스트리아인

작전 연습이 잠시 멈춘 사이 휴식하는 독일 보병들

들의 힘에 기대지 않았다. 대신 그들은 시간에 의지했다. 다시 말해, 월등히 빠른 자신들의 동원 속도에 의지했다. 그들은 러시아인들이 동프로이센을 향해 아무리 큰 규모로 출정 준비를 하더라도 그전에 프랑스를 패배시킬 수 있을 것이라 가정했다.

좀 더 기술적인 수준에서도 동맹국들 간에 조율하는 일은 전혀 없었다. 서부전선에서 영국군과 프랑스군, 그리고 동부전선에서 독일군과 오스트리아군은 아마도 나란히 배치되어 싸울 터였다. 하지만 이들은 장비나 정보 부문에서 조율하려고 시도하지 않았다. 아무도 동맹국 군대들 간의 연락 체계 문제를 생각해내지 못했다. 독일인들은 적어도 사회 지배층의 오스트리아인들과는[22] 같은 언어를 사용한다는 점에서 유리했지만 이러한 이점을 실제로 이용하는 데까지 나아가지 못했다. 영국인들과 프랑스인들은 아예 준비가 되어 있지 못했고, 나란히 배치되어 싸워야 했을 때 두 나라 말을 다 하는 장교가 우연히 있어야 도움을 받을 수 있을 뿐이었다. 그렇기는 했지만 프랑스군 최고사령관 조프르[23]가 영국 원정군을 지휘했던 존 프렌치 경[24]과 의사소통하고 싶을 때는 주로 파리 주재 영국 대사를 통했다.

그리하여 전부 여섯 개의 독자적인 동원 계획이 수립되었다. 영국의 경우를 제외하면 그중 어느 것도 다른 나라의 계획과

---

22 제1차 세계대전으로 해체되기 이전의 오스트리아제국은 독일계가 소수였고 헝가리계, 체코계, 세르비아-크로아티아계, 폴란드계 등 다양한 민족이 다수를 이루었다.

23 Joffre, Joseph 1852~1931 프랑스의 육군 대원수. 1911년 참모총장이 되었고 제1차 세계대전이 발발하자 프랑스군의 최고사령관으로 서부전선에서 싸웠다. 마른강 전투에서 독일군을 막아내어 명성이 높아졌으나 이후 계속되는 실패로 결국 베르됭 전투를 끝으로 육군 대원수로 영전하는 방식으로 물러났다.

24 French, John, 1st Earl of Ypres 1852~1925 영국의 육군 원수. 제1차 세계대전이 발발하자 영국 원정군의 사령관으로 서부전선에서 싸웠다. 1915년 12월 더글러스 헤이그(Haig, Douglas)에게 자리를 넘겨주고 본토총사령관, 아일랜드 총독을 지냈다.

조화되도록 설계되지 않았지만 모든 동원 계획은 나라마다 어느 정도 실제 전쟁 계획에 통합되었다. 러시아와 오스트리아-헝가리의 계획은 동원 후 실제로 벌어질지 모르는 전쟁과 연관성이 가장 적었다. 러시아인들은 단지 군대들이 동원 집결지에 모이는 것까지만 규정해 놓았다. 그러고 나면 지휘관들이 다음으로 무엇을 할지, 실제로 오스트리아-헝가리나 독일을 공격할지 결정할 것이었다. 그렇더라도 단 한 가지 유형의 동원만 가능했다. 러시아인들이 제한적인 동원, 가령 오스트리아-헝가리에서 가장 가까이 있는 병력의 동원을 결정한다면, 이 동원은 나중에 더 큰 규모로 전환하지 못할 것이었다. 그러려면 어떤 열차들은 여섯째 날 혹은 열째 날 시간표로 운행해야 하는 반면 다른 열차들은 첫째 날 시간표로 운행해야 하기 때문이었다. 그런 종류의 혼란은 생각조차 할 수 없는 일이었다.

오스트리아인들은 이론상으로는 보다 유연한 전략을 준비해 놓았다. 전면 동원을 실행하더라도 군의 일부가 다른 전장으로 나아갈 수 있도록 적절한 지점에 배치될 것이고 대체 시간표를 갖추고 있었다. 군의 대부분은 갈리치아를 목표로 했다. 거기서 러시아인들과 마주칠 것이었다. 하지만 세 집단군이 세르비아나 러시아에 맞서도록 방향을 바꿀 수 있었고 두 집단군이

제복이 멋질수록 승리가 확실하다. 가장 멋지게 차려입고도 무능했던 때의 오스트리아 장교들

세르비아나 이탈리아를 향할 수 있었다. 이 창의적인 계획을 세운 오스트리아-헝가리의 참모총장 콘라트[25]에게 유럽에서 가장 뛰어난 전략가라는 명성이 뒤따랐다. 하지만 그 창의성은 주로 서류상으로만 존재했다. 동원령이 내려지자 오스트리아인들은 최대한 동원을 미루었고 그러고 나서는 일대 혼란의 상황에서 마구잡이로 실행했다.

러시아와 오스트리아의 계획에는 한 가지 공통점이 있었다. 두 계획은 동원이 완료된 후 지휘관들이 상황을 보고 무엇을 할지 결정하도록 규정했다. 다시 말해, 러시아와 오스트리아에는 "동원은 전쟁을 의미한다"라는 교의가 적용되지 않았다. 제1차 세계대전 전부터 회자되어 전후 역사가들이 앵무새처럼 되풀이해서 말해왔던 교의였다. 러시아와 오스트리아에게 동원은 동원일 뿐이었다. 전쟁을 하겠다는 최종 결정이 아니라 전쟁을 위해 한 걸음 더 나아간 대비 태세였다. 어디서 어떻게 전쟁을 수행하겠다는 결정과는 훨씬 더 거리가 멀었다. 서부전선에서는 동원과 전쟁의 차이가 덜 명확했다.

프랑스인들은 전쟁이 치러질 것을 의심하지 않았다. 확실히 프랑스는 어떤 전략적 선택도 할 수 없는 유일한 나라였다. 독일과의 전쟁이 일어날 수 있는 유일한 전쟁이었고, 프랑스인

---

25 Conrad, Franz Graf von Hötzendorf 1852~1925 오스트리아-헝가리제국의 장군. 1906년 참모총장이 되어 전략 계획을 짰으며 제1차 세계대전이 발발한 뒤부터 1916년 황제 카를 1세(Karl I)가 지휘권을 가져갈 때까지 오스트리아-헝가리군을 지휘했다.

들이 싸울 유일한 장소는 보주 산맥에 놓여 있는 짧은 프랑스-독일 국경이었다. 프랑스의 계획은 동원이 시작된 후 군 전체가 국경에서의 일대 격전을 수행할 수 있는 위치에 최대한 신속히 도착하도록 설계되었다. 여러 해 동안 프랑스인들은 독일인들이 프랑스에 들어오지 못하게 하는 전적으로 방어적인 전투를 계획했었다. 후에 프랑스 지휘관들이 방어적 전략은 실패할 수밖에 없고 공세적 전략이 성공할 것이라 믿게 되었다. 그리하여 독일인들을 향해 무조건 돌진할 것을 제안했다.

이러한 전략 변화에는 이유가 하나 더 있었다. 프랑스인들은 독일인들이 벨기에를 통과해 자신들의 북쪽 측면을 우회하려 할지 모른다고 생각했다. 프랑스인들은 영국인들의 감정을 거스르지 않으려면 벨기에의 중립을 독일보다 먼저 위반할 수 없었고, 독일인들이 벨기에로 들어온 다음에 즉흥적으로 벨기에로 이동한다는 것은 생각조차 할 수 없었다. 하지만 프랑스인들은 낙담하지 않았다. 그들은 답을 알고 있다고 생각했다. 독일인들이 최전선에 예비군을 배치할 수 있다고 믿지 않았기에 독일이 사용할 수 있는 군사력을 크게 과소평가했고, 독일인들이 벨기에로 군대를 보내면 중앙이 약화된다고 생각했다. 따라서 공세적 전략의 성공이 훨씬 더 확실했다.

프랑스의 동원은 전쟁에 꽤 가까운 것이었으나 바로 전쟁은 아니었다. 군이 일단 국경에 집결하더라도 공격 신호를 기다릴 수 있었다. 실제로 그들은 독일인들의 벨기에 통과 여부를 알 때까지 기다려야 했다. 소식이 전해지면 자신들이 실행할 공격의 규모와 장소가 정해질 것이었다. 독일인들, 오로지 그들에게는 동원의 종료와 전쟁의 시작 사이에 생각할 수 있는 여유가 없었다. 동원과 전쟁이 어쩔 수 없이 하나로 묶여 있었고, 여기에 1914년 8월에 전쟁으로 치닫게 된 까닭이 있었다. 오직 독일의 계획에만 있는 이 측면은 지난 한 세대를 거치며 나타났다. 독일의 독특한 위치가 그 기원이었다. 강대국들 가운데 독일은 언제든 적대적일 수 있는 두 강대국을 이웃으로 둔 유일한 나라였고, 하나의 군으로 두 강대국과 싸워야만 할 터였다. 프로이센-프랑스 전쟁을 승리로 이끌었던 대*몰트케[26]는 프랑스와의 짧은 국경을 견고한 방비로 요새화해 지키면서 군의 주력으로 러시아인들을 무찌르자고 제안했다. 후임자인 슐리펜은 이 전략을 물리쳤다. 다른 모든 사람과 마찬가지로 슐리펜은 방어가 성공할지 의문을 품었다. 어쨌거나 러시아의 패배는 전쟁의 승패를 결정짓는 일이 될 수 없을 것이었다. 대규모의 러시아군은 러시아의

---

26 Moltke, Helmuth Karl Bernhard Graf von 1800~1891 프로이센과 독일의 장군. 1858년부터 30년 동안 참모총장을 지내며 무기와 전략의 현대화를 도모했고 특히 철도를 통한 병력 배치에 관심을 기울였다. 프로이센-오스트리아 전쟁과 프로이센-프랑스 전쟁을 승리로 이끌었다. 제1차 세계대전 당시 독일군 참모총장이었던 소(小)몰트케의 숙부다.

광대한 영토 어딘가에 가 있을 것이고 독일인들은 장기화된 전역戰役에 묶여버릴 터였다. 프랑스인들은 서부에서 돌파를 해낼 텐데 말이다.

슐리펜은 따라서 서부전선에서 먼저 싸울 것을 제안했다. 프랑스가 패배하고 파리가 함락되면 독일인들은 모든 병력을 러시아에 맞서는 데 돌릴 수 있을 것이었다. 공격의 무게중심을 동쪽에서 서쪽으로 옮길 때 슐리펜은 원래 국경 지역 전투만을 생각했다. 프랑스인들의 생각과 꼭 같았다. 그는 곧 프랑스의 요새들이 너무 견고해서 신속히 무너뜨릴 수 없는 한편 동쪽에 모여 있는 러시아군을 얼른 상대하려면 한시의 여유도 없다고 결론지었다. 그러므로 프랑스 전선은 남쪽에서든 북쪽에서든 측면으로 우회해야 했다. 스위스를 통과해 남쪽으로 우회하여 이동하면 프랑스의 병참선을 끊지도 못하고 프랑스 병력의 중심에 이르지도 못할 것이었다. 따라서 슐리펜은 남쪽 우회안을 기각했다. 룩셈부르크와 벨기에를 통과해 프랑스 북쪽으로 전진하면 더 큰 보상이 있었다. 상대하기 쉬운 나라를 통과하는 것이었다. 그러고 나면 곧 프랑스군을 포위하고 파리를 위협할 수 있는 위치에 있게 될 것이었다. 적어도 슐리펜의 머릿속에서는 그랬다.(215쪽의 지도를 보라.)

독일 함대의 전함 진수식

슐리펜은 전략을 가르치는 교수였지 야전의 장군이 아니었다. 그는 여러 해 동안 머릿속에서 계획을 짰고 그러면서 훨씬 더 정교하게 만들었다. 처음에 그가 의도했던 것은 룩셈부르크 그리고 벨기에의 끄트머리를 지나는 것이었다. 나중에는 좀 더 대담해져서 벨기에를 휩쓸고 북부 프랑스로 진격하는 것을 제안했다. 그는 최종적으로 이 대규모 공격작전에 서부전선 병력의 삼분의 이인 네 개의 군을 할애했다. 통과가 불가능하다고 생각된 아르덴숲과 독일이 침범하지 않겠다고 한 네덜란드 국경 사이에 130킬로미터의 좁은 통로가 있을 뿐이었다. 네 개의 군이 열차로 이동할 때 이 지역의 유일한 환승역인 아헨을 거쳐야만 할 것이었고, 그다음 무슨 일이 벌어지고 있는지 프랑스인들이 알아차리기 전에 이 좁은 통로를 물밀 듯이 빠져나가야 할 것이었다. 네 개의 군 전체가 아헨에 집결해 선전포고를 기다리는 것은 불가능했다. 첫 번째 군은 두 번째 군이 도착하기 전에 집결해 목적지로 출발해야 할 터였다. 그러므로 슐리펜은 동원 계획에 벨기에 침공을 포함시켰다. 좀 더 정확히 말하자면 그에게는 동원을 위한 계획이 없었다. 독일이 동원을 시작한다면 이틀이나 사흘 후 전쟁이 필연적으로 뒤따르리라 생각했다. 물론 벨기에가 독일군이 자유롭게 통과하도록 허락하지 않는다는 전제에서 말이다.

슐리펜은 벨기에의 중립이라는 정치적 문제는 결코 염려하지 않았다. 그는 벨기에가 저항할지에 관해서 깊이 생각하지 않았다. 벨기에 중립의 침해가 영국을 독일에 대항한 전쟁으로 불러들이리라 생각하지 않았다. 영국 육군이 규모가 작았기 때문에 관심을 두지 않은 것이다. 그가 염려한 것은 순전히 기술적인 부분이었다. 예를 들어 벨기에인들에게는 리에주라는 거대한 요새가 있어 바로 독일인들의 길을 막을 것이었다. 하지만 슐리펜은 이 때문에 주저하기는커녕 훨씬 더 신속하게 행동해 벨기에인들이 알아차리기 전에 리에주를 점령하기로 결심했다. 그는 다시 끝을 모르는 학구적인 방식으로 아주 먼 일들, 20일째나 심지어 40일째 일어날 일을 고려하는 데까지 나아갔다. 안트베르펜을 봉쇄하는 데 군 하나가 필요할 것이고, 병참선을 지키는 데 또 하나가 필요하며, 파리 앞에 도달했을 때 훨씬 지치지 않은 군이 있어야 했다. 그가 전혀 고려하지 않은 유일한 일은 프랑스가 어느 때인가는 알아차리고 길을 막는 경우였다. 전체 슐리펜 계획은 평시에 진행될 기동작전으로 구상되었다. 마지막에 가서 슐리펜은 결정적인 승리를 거두기에는 군사력이 모자란다고 판단했다. 슐리펜 계획은 "능력을 벗어나는 기획"이었고, 슐리펜이

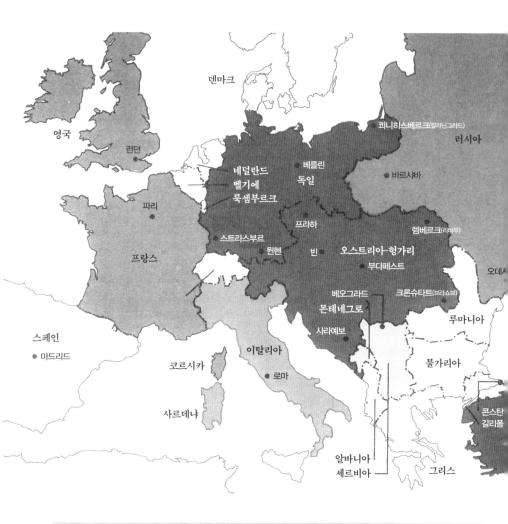

뒤얽히는 유럽 정치, 대립하는 양대 동맹의 체제

유럽 외교, 1914

● 삼국협상 국가, 1914

◉ 삼국협상 국가의 동맹국과 제휴국

○ 중립국, 1914

● 동맹제국, 1914

● 전쟁 발발 시 중립이었으나 이후 삼국협상 국가의 동맹국

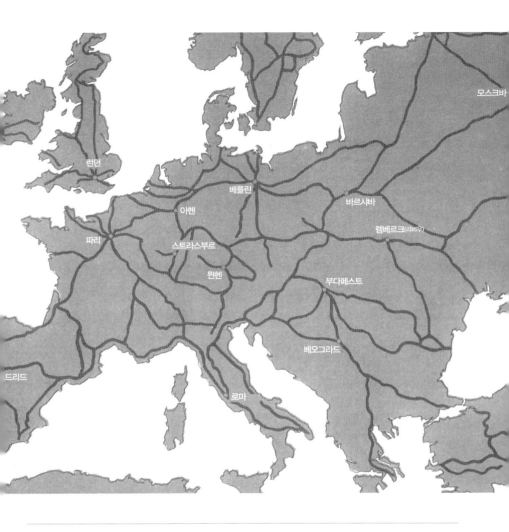

얽혀 있는 철도, 복잡하게 펼쳐진 철도망
유럽의 주요 철도, 1914

유일하게 제시한 실제적인 결론은 정부가 군사력을 더 키워야 한다는 것이었다.

그럼에도 슐리펜 계획은 독일이 가진 전쟁 계획의 전부였다. 슐리펜이 물러나고 대^大몰트케의 조카 소^小몰트케[27]가 참모총장직을 이어받았는데 전략가가 아니라 황제의 측근일 뿐이었고 슐리펜이 책상서랍에 남긴 전략 초안에 의존할 뿐이었다. 아헨의 집결지가 훨씬 더 넓게 확장되었고, 기차 시간표가 계속 정교해지고 있었다. 독일 일반참모부는 민간 정치가들에게 무슨 준비를 하고 있는지 이야기하지 않았다. 정치가들 또한 영리하게도 묻지 않았다. 그들 생각에 자신들의 일이 아니었던 것이다. 정치가들은 독일의 정책을 수행했다. 아니면 적어도 그러려고 애썼다. 만약 전쟁이 일어난다면 장군들이 싸워서 이길 것이었다. 이 두 가지는 완전히 분리된 일이었다.

역사상 가장 규모가 큰 전투를 상정한 이 거대한 계획 다음으로는 영국이 머릿속에 그린 계획이 있는데 규모가 작아 보였다. 그럼에도 영국인들의 생각 역시 엄청난 결과를 가져왔다. 보어전쟁 이후까지도 영국은 유럽 대륙에 목표를 두는 육군을 보유하지 않았다. 영국군은 오로지 식민지 전쟁과 인도 방어를 위해 존재했다. 20세기의 첫 십 년 동안 영국인들은 유럽 대륙에

---

27 Moltke, Helmuth Johannes Ludwig Graf von 1848~1916 독일의 장군. 1906년 슐리펜에 이어 참모총장을 맡아 제1차 세계대전을 맞았다. 슐리펜 계획을 실제 상황에 맞게 운용했지만 파리 공략에 실패하고 팔켄하인(Falkenhayn, Erich von)에게 자리를 물려주었다.

투입될 원정군 세 개 군단을 조직했다. 영국인들의 원래 의도는, 그런 것이 있었다는 전제에서, 이 원정군 병력이 영국 해군의 지원을 받아 독자적으로 어떤 모험적인 작전을 펼치는 것이었다. 영국에서 동원이 완료될 것이고 원정군에 관한 결정은 그 뒤에 내려질 것이었다. 시간이 지남에 따라 프랑스인들은 영국의 지원 약속을 재촉하기 시작했다. 영국인들은 약속을 하려 하지 않았으나, 자신들이 지원하기로 결정하면 실제로 실행에 옮길 수 있다고 대답을 주는 것은 무방하리라 생각했다. 프랑스인들과의 참모회담이 열렸고 프랑스 전선의 좌측에 영국 원정군이 도달하는 시간표를 짰다. 민간 정치가들은 이 참모회담에서 확고한 약속을 한 것은 아니라고 집요하게 주장했고 받아들여졌다. 정치가들은 어떻게 보면 약속을 한 것과 마찬가지란 것을 깨닫지 못했다. 그들은 전쟁을 할지 하지 않을지 결정할 수 있었다. 그러나 전쟁하기로 결정한다면 프랑스인들이 만들어놓은 계획이 실행할 수 있는 유일한 계획이었다. 전쟁이 벌어지면 영국 원정군은 프랑스 북동부 모뵈주로 가야 했다. 그 넓디넓은 유럽 대륙에 다른 곳은 없었다.

　　모든 강대국은 또한 일정 규모의 해군을 보유하고 해군 동원 계획을 가지고 있었다. 한 나라를 예외로 하면 여기에는 시

무력을 과시하는 세계 최대 규모의 함대. 1910년 조지 5세의 대관식에 따른 관함식을 위해 온통 깃발로 장식한 영국 대함대

간표가 적용되지 않았다. 함대는 기지로 복귀해 적의 공격으로 부터 해안을 방어하고 연안 화물 운송이 방해받지 않도록 하는 등 주로 방어 전략을 수행할 것이었다. 한 나라를 제외하고 모든 나라의 해군이 공격을 계획하지 않았다. 그들의 목적은 적의 함선을 쫓아내는 것이었다. 도전하거나 교전하는 것이 아니라 말이다. 예외적인 나라는 바로 영국이었다. 분명히 영국 해군은 전세계 무역로를 지키는 다수의 순양함과 그 밖의 작은 함선들을 보유하고 있었다. 하지만 영국의 자존심은 대함대^{the Grand Fleet}였다. 가장 강한 함선들로 구성된 막강 함대였다. 동원이 시작되면 대함대는 전시 기지인 스캐퍼 플로^{Scapa Flow}로 이동할 것이었다. 대함대를 창설한 해군 제독 피셔 경[28]에 따르면, 대함대는 곧이어 북해로 출격해 독일 함대를 상대로 결전을 치러 무찌를 것이었다. 대부분의 나라들이 적의 방해를 염두에 두지 않고 세운 육군 계획과 대비되는 점이 흥미롭다. 피셔의 계획은 정반대였다. 적의 함대가 언제가 되었든 영국 해군에게 적합한 때에 맞춰 파괴당하러 나올 것으로 가정하고 있었다.

　이러한 가정은 근거가 없었다. 독일인들은 영국인들과 마찬가지로 전투 함대를 보유하며 막대한 돈을 쏟아부었고 그 때문에 영국과의 관계가 위태로워질 수도 있었다. 하지만 독일인

28　Fisher, John Arbuthnot, 1st Baron Fisher 1841~1920 영국의 해군 제독. 13세에 해군에 들어가 크림 전쟁 등 많은 경험을 쌓고 퇴임했으나 제1차 세계대전이 발발해 1914년 10월 해군 제1군사위원으로 복귀했다. 영국 해군은 11월 코로넬 전투에서 패배를 당했으나 12월 포클랜드에서 폰 슈페(von Spee, Maximilian)의 함대를 침몰시켰다. 다르다넬스 원정을 처음에는 동의했다가 나중에 반발해 사임했다.

들은 전시에 함대를 사용하겠다고 계획하지 않았다. 독일 함대는 영국 해군에 모호한 위협을 가하여 우호적 태도는 아니더라도 영국의 중립을 확보하도록 되어 있었다. 전쟁이 일어난다면, 독일 함대는 목적 달성에 실패한 것이고 위협을 가할 수 있는 다른 기회가 주어질 때까지 손상 없이 안전하게 머물러 있어야 했다. 따라서 독일의 유일한 해군 계획은 함대를 기지에 안전하게 유지하는 것이었다. 독일인들이 멀리 스캐퍼 플로의 영국 대함대에 대한 생각을 잠시 제쳐둔다면 영국인들에게 큰 피해를 입힐 수도 있었을 것이다. 예를 들어 영국과 프랑스의 해상 통신을 급습한 후 영국 대함대가 남쪽으로 내려오기 전에 기지로 복귀할 수 있었을 것이다. 독일인들은 이러한 생각을 전혀 떠올리지 못했다. 그들은 영국인들과 마찬가지로 전투 함대의 목적은 다른 함대와 교전하는 것이며, 따라서 어떤 점에서는 자신들이 단지 피하기만 해도 영국인들의 전체적인 목적을 좌절시킨다고 확신했다.

육군과 해군의 계획만으로 판단한다면 모든 강대국은 긴박한 위험에 처해 있었고 코앞에 전쟁이 다가와 있었다. 장군들과 제독들이 이미 오래전에 전쟁을 위한 행동을 하지 않은 것이 놀라워 보인다. 그러나 사실상 그들의 계획은 늘 하던 대로 하는 일이 되어 있었다. 이들 뛰어난 군인들 가운데 분노에 휩싸인 채 총격전을 벌여본 이가 거의 없었고, 그러한 경험을 계획과 연결 시키지도 않았다. 적어도 표면상으로는 모든 계획이 방어적이었 다. 독일의 계획을 포함해 모든 계획은 전쟁이 일어날 경우에 승 리를 거둘 방법을 짠 것이지 전쟁을 일으키는 것이 아니었다. 많 은 장군들과 몇몇 제독들이 분위기를 일신하기 위해서 또는 나 라의 위신을 세우기 위해서 전쟁을 하는 것이 바람직하다고 이 야기했지만 그 누구도 말을 행동으로 옮기려 하지 않았다. 그들 은 민간 정치가들이 나라가 위험에 처했다는 경고를 발해주기를 기다렸다. 그러면 그들은 틀림없이 나라를 구할 터였다. 군의 지 휘관들이 아니라 정치가들이 1914년 전쟁의 발발을 불러왔다.

전반적인 긴장의 완화

하지만 정치가들 가운데 이전보다 더 전쟁하기를 원하는 이들은 거의 없었다. 정치가들은 모두 자신들의 국가가 안보를 확보하고 나아가 외교 경쟁에서 승리하기를 바랐지만, 지난 30 년 이상 어쨌거나 유럽에 평화를 지속시켰던 전반적인 행동 방 식을 바꾸지 않았다. 1914년에 정권을 잡고 있던 정치가들이 전임자들보다 특별히 무능했던 것도 아니고, 더 호전적이었던 것도 확실히 아니다. 1914년 여름에 국제 정세의 긴장은 이전과 다를 바 없었고 사실 여러 면에서 훨씬 덜한 편이었다. 유럽의 국제 관계는 지난 몇 해 동안 매우 급속하게 변화했다. 동맹관계가 이론상으로는 여전히 확고했지만 실상은 훨씬 덜 그래 보였다. 거의 모든 국가가 동맹국을 바꿀 생각을 떠올렸다. 동맹이 재편성될 분위기는 1911년에 느껴지기 시작했다. 그해에 프랑스인들이 모로코를 보호령으로 만드는 데 착수했다. 독일인들은 1906년 알헤시라스 회의의 합의로 자신들이 확보한 권리들에 대한 보상을 요구했다. 프랑스 수상 카이요[29]는 독일이 요구한 대가를 기꺼이 지불할 의향이 있었다. 그는 명목상의 동맹인 러시아로부터 어떠한 지원도 기대할 수 없음을 알고 있었다. 어쨌든 그는 프랑스와 독일 간의 타협으로 무마되길 바랐다. 영국에서 항의가 날아왔다. 영국 정치가들은 프랑스가 영국의 희생을 요하는 양여로 독일을 달래려 할 것을 염려했다. 나라들 간의 대립이 전쟁의 위기로 치닫게 된 것은 프랑스 정치인들 때문이 아니라 영국 정치인들 때문이었다. 프랑스나 독일의 육군이 아니라 영국 함대의 동원이 있었다. 마지막에 독일과 프랑스가 영국의 항의에도 합의에 이르렀다.

---

29 Caillaux, Joseph 1863~1944 프랑스의 정치가. 재무성에서 경력을 시작해 하원의원이 된 후 1899년부터 1909년 사이에 두 차례 재무상으로 일했다. 1911년 6월 수상이 되어 독일과의 타협을 주도하다가 1912년 1월 사임했다. 제1차 세계대전 시 반전 진영에 섰고, 클레망소 진시내각에 의해 반역죄로 기소당하고 복역했다. 전후 사면을 받고 다시 재무상과 상원의원으로 일했다.

이 위기에 매우 흥미로운 결과가 뒤따랐다. 독일과의 합의로 프랑스 여론이 들고일어났고, 영국 여론은 무력 충돌이 벌어질 뻔한 데 분노했다. 프랑스에서는 국민정신이 다시 고취되었는데 제3공화국 수립 이후 그 어느 때보다 외골수 애국주의였다. 프랑스 정치가들은 이전에 동맹국 러시아에 대해 취했던 조심스러운 태도를 접었다. 러시아인들은 이제 프랑스의 지원을 기대해도 좋다는 말을 들었다. 분쟁이 때마침 시작되는데도 말이다. 러시아인들 쪽에서 같은 보장을 해주어야 한다는 암묵적인 메시지도 물론 있었다.

반면에 영국인들은 독일이 당한 것으로 보이는 원한의 원인들을 시정해주려 애썼다. 독일과 화해하려는 노력은 이전에 프랑스, 러시아와 화해하려던 것만큼이나 확고부동했다. 영국인들은 독일이 해군력 경쟁에서 자신들에게 도전한 데 대해 품은 원한을 제쳐두고 독일의 해군력을 국제 정치에서 기정사실로 받아들였다. 독일인들은 식민지가 필요하다고 주장했고, 영국인들은 열의를 가지고 포르투갈 식민지를 독일인들에게 넘겨주려고 했다. 자신들의 몫을 챙기는 것도 물론 잊지 않았다. 독일인들은 또한 소아시아를 가로질러 바그다드에 이르는 철도 건설을 영국이 승인해주기를 바랐다. 영국인들은 이번에도 자신들의 이익을

질풍노도의 사회

예술과 정치 분야의 혼란이 전쟁의 폭풍을 예견하는 듯
했다. 마치 사람들이 전쟁이 다가옴을 감지하며 모든 것
이 전쟁으로 파괴되기 전에 스스로 파괴에 참여하는 것
같았다. 새로운 음악이 전통적 화성을 산산조각 냈고, 여
성들이 투표권을 요구하며 여성적인 정숙함을 벗어던졌
고, 노동자들이 임금 인상을 요구하며 자본주의를 종식
시킬 총파업을 일으키겠다고 위협했다.

---

❶ 전설적인 도약으로 유명했던 니진스키. 스트라빈스키의 발레 〈봄의 제전〉이 파리에서 초연되었을 때 관객들의 난동
　　으로 극장이 엉망이 되고 결국 공연이 중단되었다.
❷ 경찰에 체포당하는 영국의 여성참정권 운동가. 영국 여성참정권 운동가들은 다른 나라 여성들의 본이 되었다.
❸ 파업 주동자로 변신한 여성참정권 운동가. 일부 여성참정권 운동가들은 사회주의도 외쳤다.

움베르토 보초니, 〈작별〉. 미래파가 예감한 유럽에 드리운 전쟁.

확보한 후 종전의 반대 입장을 거두어들였다. 다른 이들에게 대가를 치르게 해 영국-독일 간의 우호관계를 사려는 다소 비열한 거래였다. 하지만 거래는 성공적이었다. 영국과 독일은 지난 10년 내지 15년 동안보다 관계가 가까워졌다.

유럽의 20세기 첫 번째 전쟁은 1912년 가을에 발생했다. 루마니아를 제외한 모든 발칸 국가가 오스만 혹은 터키 제국을 공격해 유럽 내 터키 영토 대부분을 획득했다. 이 전쟁은 유럽협조체제의 굴욕이자 성공이었다. 한편으로는 군소국들이 강대국들에 대항한 것이었다. 강대국들은 발칸 국가들이 터키를 공격하는 것을 허락지 않았고 만약 그럴 경우에 터키 영토를 얻지 못할 것이라 경고했다. 발칸 국가들은 무시하고 전쟁에 돌입했고 터키 영토를 병합했다. 이들을 제지하려는 어떠한 시도도 없었다. 다른 한편으로 강대국들 간에는 평화가 유지되었다. 지난 수년간 외교관들은 "발칸 산맥의 눈이 녹을 때면" 유럽에 대규모 전쟁이 일어날 것이라 말해왔다. 비유적인 의미에서 눈이 녹았으나, 대규모 전쟁이 뒤따르지는 않았다.

강대국들은 런던에서 그레이 외상 주재로 모이는 대사들의 정례 회합을 통해 소통했다. 발칸 반도 문제에 매우 깊이 관여하는 두 나라, 러시아와 오스트리아-헝가리는 양보할 수 없는 최소한의 요구 조건을 내세웠다. 러시아는 콘스탄티노플에 불가리아인들이 들어오는 것을 용인하지 않을 것이었고, 오스트리아-헝가리는 아드리아해에 세르비아인들이 나타나는 것을 두고 보지 않을 것이었다. 두 조건 모두 충족되었다. 부분적으로는 전쟁의 결과였고, 부분적으로는 강대국들이 힘을 보였기 때문이었다. 발칸 반도의 민족들은 해방되었다. 두어 세기 동안 국제 관계를 어렵게 만들었던 발칸 문제는 유럽 전체에 걸친 혼란을 일으키지 않고 해결된 것처럼 보였다.

몇 가지 남아 있던 문제들

물론 여전히 남은 문제들이 있었다. 오스만제국이 해체 직전에 있는 것처럼 보여 러시아인들은 콘스탄티노플과 보스포루스-다르다넬스 해협의 미래를 걱정해야 했다. 발칸 반도에서 민족주의의 승리로 인해 오스트리아-헝가리의 피지배 민족들이 들썩였다. 특히 세르비아인들이 그랬다. 하지만 이러한 문제들은 당장 큰 문제는 아니었다. 터키인들은 아직 건재했고 유럽 내 영토의 대부분을 상실한 다음 군사력을 얼마간 회복했다. 세르비아인들은 발칸 전쟁으로 힘이 소진되었고 오스트리아-헝가리

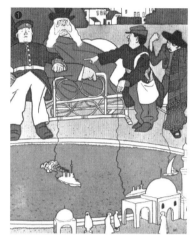

❶ 1911년 아가디르 위기가 피어오르자 프랑스와 스페인이 영국을 상징하는 엉클 불(Uncle Bull)에게 모로코 연못에서 놀고 있는 독일을 멈추어달라고 간청하고 있다.

❷ 독일 황제의 철권

❸ 1906년 알헤시라스 회의에 참석하러 온 대표단들. 모로코 문제를 해결하지 못했다.

에 맞서 새로운 전쟁을 할 처지가 아니었다. 러시아와 오스트리아-헝가리의 전쟁이라는 유럽에 드리웠던 가장 큰 두려움은 이제 걷힌 것처럼 보였다. 그들이 싸울 이유가 될 소위 발칸 반도의 전리품은 더 이상 존재하지 않았다. 발칸 국가들이 가져가버렸다.

역사가들은 이미 일어난 일을 돌이켜 볼 수 있기에 1914년 봄에 유럽 국가들 간에 대규모 전쟁이 임박한 온갖 조짐들이 있었음을 발견해냈다. 강대국들은 과거 어느 때보다 많은 돈을 군비軍備에 쓰고 있었다. 경제학자들이 좀 더 세심하게 살펴봤다면 경기가 호황이었던 이 시기에 나라들의 국민소득 대비 군비 지출의 비율은 더 크지 않았음을 지적했을지 모르지만 말이다. 폭력의 기운이 유럽 전역에 감돌고 있었다. 러시아의 노동자 파업, 영국의 여성참정권 운동[30], 오스트리아 의회의 대혼란, 이탈리아의 미래파 운동[31]이 있었다. 심지어 발레라는 현실과 동떨어진 순수예술의 세계에서도 〈봄의 제전〉[32]이 공연될 때마다 난동이 벌어졌다. 헌데 이런 폭력이 전에 없거나 드문 일이었을까? 바그너[33]의 음악도 한때 스트라빈스키의 음악만큼이나 소란을 일으켰었다. 오스트리아 의회는 17년 전이 더 혼란했다.[34] 여성참정권 운동가들은 페니언 단원들[35]보다는 덜 파괴적이었다. 보통

---

30 19세기부터 유럽에 여성의 권리 신장 운동이 있었는데 1903년 에멀린 팽크허스트(Pankhurst, Emmeline)와 그의 딸 크리스타벨 팽크허스트(Pankhurst, Christabel)가 영국에서 여성들만으로 여성사회정치연합(Women's Social and Political Union)을 결성해 대규모 시위와 행진, 의회 진입, 단식 등 과격한 방법을 동원한 참정권 운동을 벌였다. 영국 신문 『데일리 메일(Daily Mail)』의 기자 핸즈(Hands, Charles)가 이들 급진적인 여성참정권 운동가들에게 서프러제트(suffragettes)라 이름을 붙였다.

31 20세기 초반 이탈리아에서 일어났던 예술운동으로 근대 문명의 역동성을 표현하고자 했다. 1909년 프랑스 신문 『르 피가로(Le Figaro)』에 「미래파 선언」

을 기고한 이탈리아의 문인 마리네티(Marinetti, Filippo Tommaso)와 미술계의 보초니(Boccioni, Umberto), 카라(Carrà, Carlo), 루솔로(Russolo, Luigi), 발라(Balla, Giacomo), 세베리니(Severini, Gino) 등이 미래파의 대표적 인물이다.

32 〈Le Sacre du Printemps〉. 러시아의 작곡가 이고르 스트라빈스키(Stravinsky, Igor)가 작곡하고 바츨라프 니진스키(Nijinsky, Vatslav)가 안무를 맡아 1913년 5월 29일 파리 샹젤리제 극장에서 초연되었다. 러시아 이교도(異教徒)들의 원시적인 의식(儀式)을 줄거리로 긴장과 혼란을 느끼게 하는 불협화음과 변박의 연속인 음악은 물론 우아한 고전발레의 전통을 뒤엎은 안무

사람의 관점에서 유럽은 과거 그 어느 때보다 그리고 앞으로 다가올 시기보다도 평화로웠다. 일반인들이 경찰의 제지를 받거나 강도의 습격을 당할 위험 없이 유럽의 거의 모든 곳을 돌아다닐 수 있었던 것은 역사상 이때뿐이었다. 또한 이때는 일반인들이, 심지어 정치범일지라도 유럽의 거의 모든 곳에서 상당히 독립적인 재판을 받기를 기대할 수 있는 역사상 유일한 시기였다.

하지만 그 시대의 관찰자들은 앞으로 어떤 일이 벌어질지 알지 못했으므로 종종 정반대로 추측했다. 그들에게는 동맹체제가 붕괴하는 것으로 보였다. 발칸 문제가 해결되었기에 더 이상 독일이 오스트리아-헝가리를 지원하거나 프랑스, 더더욱 영국이 러시아를 도울 이유는 없었다. 프랑스와 독일의 금융업자들은 서로 화해했고, 독일과 프랑스의 중공업은 나중에 제2차 세계대전 이후 만들어지게 될 유럽공동시장에서처럼 결합을 이루었다. 영국과 독일은 서로에게 가장 중요한 고객이었다. 서유럽의 이 세 나라는 선진 산업국가로서 세계의 다른 지역에서 이익을 추구하는 데는 서로 뭉쳤다. 현실을 잘 아는 프랑스인들은 러시아로부터 자유로워지게 되었다고 기뻐했다. 심지어 독일 외교관들도 오스트리아와의 동맹을 벗어버려야 할 짐이라 생각했다.

세계에는 여전히 제국주의 국가들을 위한 넓은 공간이 있

로 유럽 예술계에 엄청난 충격을 안겨주었다.

33 Wagner, Richard 1813~1883 독일의 작곡가. 음악과 드라마를 융합한 악극이라는 새로운 예술형식으로 낭만주의를 극대화하고 극단적인 반음계와 화성적 해결이 없는 무한선율 등의 음악적 어법을 사용하여 유럽 예술계에 지대한 영향을 주었다. 대표작으로 〈탄호이저(Tannhäuser)〉, 〈트리스탄과 이졸데(Tristan und Isolde)〉, 4부작 〈니벨룽의 반지(Der Ring des Nibelungen)〉 등이 있다.

34 1897년 선거권 확대 문제로 진통을 겪다 구성된 오스트리아제국의회에 각 민족의 과격파들이 다수 들어온 상황에서 수상 바데니(Badeni, Kasimir Felix, Graf von)의 체코어 공용어 지정령에 독일 민족주의자들이 들고일어나 의회에서는 물론 전국 각지에서 시위와 충돌이 벌어진 일을 말한다. 1848년 전 유럽에 걸친 혁명으로 오스트리아에서도 자유주의, 사회주의와 함께 민족주의가 대두되고 민족들의 정치적 요구가 확대되었는데, 합스부르크가의 강경한 초기 대응은 1859년 프랑스-오스트리아 전쟁, 1866년 프로이센-오스트리아 전쟁에서 오스트리아가 연달아 패배하면서 대타협(Ausgleich)으로 헝가리의 자치권을 허용하는 등 각 민족들과 타협하는 방향으로 바뀌었다. 그러나 제국을 유지하면서 민족 간의 갈등을 완화하고 개혁을 이루는 일이 쉽지 않았다. 저자 A. J. P. 테일러는 이 체코어

는 것으로 보였다. 독일은 중앙아프리카에 대서양 변에서 인도양 변에 이르는 제국을 건설할 계획이 있었고, 이에 속수무책인 벨기에 말고는 반대하는 나라가 없었다. 심지어 벨기에인들 가운데도 많은 이들이 콩고를 포기하는 것을 반길 터였다. 아시아 지역 터키로 말할 것 같으면 경제적으로 각 나라들의 세력권으로 분할 편입될 상황이었고, 오스만제국의 잔존하는 부분이 근대화되는 데 대해 반대할 나라는 러시아뿐일 것이었다. 중국에게는 제국주의 국가들과 협력할 수 있는 훨씬 더 큰 영역이 있었고, 독일과 미국이 이미 협력하고 있었다. 이들이 대항하는 일본과 러시아는 예전 방식으로 돌아가려는 국가들이었고, 영국은 느리지만 진보적인 쪽으로 향하고 있었다. 어느 곳에서나 산업계와 금융계의 이해관계가 부유한 이들을 빈곤하고 뒤처진 이들을 상대로 뭉치게 만들었기에, 제1차 세계대전의 원인이라 지목받는 경제적 요인들은 사실은 평화의 가장 중요한 담보물이었다. 모든 나라의 자본가들은 1914년 7월 위기 때 목소리 높여 전쟁에 반대했다. 자본주의는 정치적 관점에서는 전혀 세계를 지배하지 않았다. 이 사실이 제1차 세계대전의 원인들 가운데 중요한 것으로 꼽힌다.

정치적 관점에서는 국민들이 지배한다고 생각되었다. 프

공용어 지정령이 "막다른 길에 놓인 민족 간의 갈등을 타개해보려는 합스부르크가의 마지막 노력"이었고 "이후로 오스트리아 프란츠 요제프(Franz Josef) 황제는 상황의 악화를 막으려 애쓸 뿐 어찌해보려 하지 않았다"고 말하며 "바데니 이후로 합스부르크가는 자신의 관(棺)을 지키는 데 만족했다"고 평한다. Taylor, Alan John Percivale, *The Habsburg Monarchy, 1809-1918: A History of the Austrian Empire and Austria-Hungary. New York: Harper Torchbooks*, 1965, p. 184.

35 1858년 오마호니(O'Mahony, John)가 미국에서 결성한 아일랜드 민족주의 비밀결사 단원들과 스티븐스

(Stephens, James)가 아일랜드에서 결성한 아일랜드 공화주의 형제단 단원들을 일컫는 명칭이다. 특히 1860년대에 아일랜드에서의 무장봉기와 캐나다에서의 영국군 공습 등을 시도했다. 1870년대 이후 눈에 띄는 활동이 없으나 19세기 말과 20세기 초의 토지전쟁, 1916년의 부활절 봉기, 1919년부터 1921년까지 벌어진 아일랜드독립전쟁 등에서 단원들이 크게 활약했다.

제복을 입고 함께 행진 중이던 독일 경기병과 아내(왼쪽 두 사람)

랑스, 독일, 이탈리아(1912년부터), 오스트리아(헝가리 제외)에서 보편
선거가 이루어지고 있었다. 영국에서는 가구당 투표권이 있었고,
러시아에서도 두마(의회)의 권한은 거의 없었지만 일종의 참정권
이 있었다. 국민들이 제국주의에, 심지어 전쟁의 외침에 응했던
때가 확실히 있었다. 영국인들은 1898년 파쇼다 위기[36] 중에 프
랑스에 대항한 전쟁에 기꺼이 참여하고자 했고 보어전쟁[37] 중에
는 호전적 애국주의에 불타 있었다. 프랑스인들은 아가디르 사
건이 일어나고 독일과 타협한 데 분개했다. 독일인들은 바로 그
제2차 모로코 위기에 훨씬 더 격렬히 반응했다.

"봄날을 맞은 급진적 이념"

1914년에 이르자 조류는 다른 방향으로 흐르고 있었다.
호전적 애국주의와 제국주의는 더 이상 선거에서 승리를 가져오
지 못했다. 사회민주주의자들이 독일 제국의회에서 가장 큰 단
일 정당을 이루고 있었고, 그들은 이론상으로 전쟁 반대 입장을
맹세하고 있었다. 프랑스에서는 1914년 4월에 총선이 있었는데
급진주의자들과 사회주의자들의 과반이 이루어졌다. 이들은 이
전의 군국주의 정책과 러시아와의 공격 동맹을 거부했다. 급진

---

36 1898년 9월 18일 영국과 프랑스가 파쇼다(현재 지
명은 코도크로 남수단에 속해 있다)에서 충돌한 분쟁이다. 마
르샹(Marchand, Jean-Baptiste) 대위가 이끄는 프랑스 원
정대가 7월 10일 파쇼다에 도착해 프랑스 국기를 꽂
자 이집트에서 수단으로 남진하던 키치너(Kitchener,
Horatio Herbert) 휘하의 영국군이 9월 18일 파쇼다에 도
달해 철수를 요구했고 프랑스가 철수 명령을 내린 11
월 4일까지 대치했다. 1899년 3월 21일 양국 간에 서
로의 경계를 정하는 타협이 이루어졌다. 케이프타운
에서 카이로를 잇는 영국의 아프리카 종단정책과 동
서 방향으로 영역을 확대하려는 프랑스의 횡단정책이
맞부딪친 제국주의 식민지 경쟁이었다.

37 보어전쟁은 1880년 12월부터 1881년 3월까지 벌
어진 제1차 보어전쟁과 1899년 10월부터 1902년 5월
까지 지속된 제2차 보어전쟁을 말하지만 여기서는 영
국 여론이 격앙되었던 때인 제2차 보어전쟁을 의미한
다. 제1차 보어전쟁은 남아프리카의 네덜란드 출신 농
민인 보어인들이 영국의 케이프 식민지에서 나와 트
란스발과 오렌지 자유국을 수립한 데서 비롯했다. 영
국은 처음에 이들의 독립을 인정했지만 이후 식민지
병합을 추구했고 이에 트란스발의 보어인들이 저항함
으로써 전쟁이 발발했다. 영국의 패배로 트란스발의
독립이 회복되었다. 제2차 보어전쟁은 이 지역에서 다
이아몬드와 금이 발견되면서 케이프 식민지 수상 로

주의 지도자 카이요는 독일과의 협력을 부르짖는 인물이었고, 사회주의 지도자 조레스[38]는 화해와 국제적 우호관계에 관한 유럽 제일의 주창자였다. 프로이센-프랑스 전쟁에 대한 보복을 외치는 투사였던 푸앵카레[39] 대통령은 친독일적이고 평화를 주장하는 총리를 임명해야 하는 상황을 마주하게 되었다. 운이 좋았던 것인지 나빴던 것인지 모르지만, 최악은 면했다. 카이요의 후처가 그의 전처에게 적대적 음해를 당하고 있었는데, 남편을 비방하는 데 앞장선 파리의 한 신문사 편집장[40]을 총으로 쏘아 죽였다. 추문에 휩싸인 이 사건으로 카이요는 총리 후보에서 배제되었다. 카이요 대신 수상이 된 비비아니[41]는 카이요보다 명민하지도 못하고 유능하지도 못했다. 결국 푸앵카레가 중요해질 수 있었다.

영국에서는 토리 제국주의가 설 자리를 잃었다. 아일랜드의 영국군 장교들이 북아일랜드의 얼스터 연합당[42]의 부추김을 받아 얼스터의 개신교도들을 통제하기보다 거의 반란에 가까운 일을 벌였다.[43] 그 결과로 일어난 항의의 목소리로 인해 보수당이 이때만큼은 애국심이 없는 정당이 되었다. 자유당과 노동당은 평화와 사회개혁을 위한 공동의 프로그램을 만드는 데 뜻을 모았다. 재무상 로이드 조지[44]는 독일과 영국 사이의 대립이 끝났다

즈(Rhodes, Cecil)와 그의 뒤를 이은 밀너(Milner, Alfred)가 식민지 확장 정책을 편 것에 트란스발 대통령 크루거(Kruger, Stephanus Johannes Paulus)가 영국군이 증강되기 전에 행동하고자 최후통첩을 보내고 영국이 수용을 거부함으로써 발발했다. 전쟁은 3년이나 지속되었고 결과적으로는 영국이 트란스발과 오렌지 자유국을 식민지로 만들었으나 외교적으로 고립되었다.

38 Jaurès, Jean 1859~1914 프랑스의 정치가. 고등학교와 대학교에서 강사생활을 하다가 1885년 하원의원에 당선되었다. 이후 광산 노동자들의 파업, 드레퓌스(Dreyfus, Alfred)의 재심 요구 등에 목소리를 냈고, 사회주의 계열에서 활동하며 프랑스 사회주의 정당들의

통합을 주도했다. 1904년에는 나중에 공산당 기관지가 된 『뤼마니테(L'Humanité)』를 창간해 평화와 화해를 주장하는 글을 쓰다가 독일이 프랑스에 전쟁을 선포하기 며칠 전 한 극우주의자에 의해 암살당했다.

39 Poincaré, Raymond 1860~1934 프랑스의 정치가. 1887년 하원의원이 된 이래 1912년에 수상 겸 외상, 1913년에 대통령이 되었다. 전쟁 전에는 대독 강경 정책을 취했고 전쟁 중에는 클레망소(Clemenceau, Georges)를 수상으로 임명해 전쟁을 승리로 이끌었다. 1920년에 독일과의 강화에 반발해 사임했으나, 다시 수상 겸 외상(1922~1924)이 되어 독일의 루르 지방을 점령하는 등 강경 정책을 취했다. 1926년에는 국민연

고 자신 있게 발표했고, 그의 발표는 다음 선거에 승리할 수 있는 카드처럼 보였다. 이때가 바로 급진적 이념이 맞은 봄날이었다. 유럽의 구 지배계급이 권력을 잃지 않으려는 생각에서 대규모 전쟁을 벌인 것이라고 말하고 싶은 생각이 자꾸 든다. 그러나 이는 그들의 지적 능력과 지도력을 너무 과대평가하는 것일 것이다. 그 구시대의 무리들은 자신들이 무엇을 하고 있는지 거의 알지 못했고 이 문제 저 문제를 집적거리며 우왕좌왕하기만 했다. 그들의 위신은 하락하고 있었어도 그들의 부는 증가하고 있었기에 위험한 길로 빠지는 상황은 아니었다. 전쟁이 광범위한 혁명을 불러오리라 생각하는 사람은 거의 없었다. 반면에 전쟁으로 혁명을 저지할 수 있다고 생각하는 사람은 더 적었다. 1914년에 평화를 지속시킬 요인들과 전쟁을 유발할 요인들의 균형이 직전 한 세대 동안과 다를 바 없었고, 따라서 전쟁이 일어날 가능성도 이전과 마찬가지였다.

독일의 더 근본적인 문제

어쩌면 1914년에 다른 점이 한 가지 있었다. 본질적으로 달랐다기보다 두드러진 점이 있었다. 거의 모든 유럽 국가에서

합정부의 수반을 맡았다.
40 『르 피가로』의 편집장 가스통 칼메트(Calmette, Gaston)다.
41 Viviani, René 1863~1925 프랑스의 정치가. 1893년 사회주의 정당 소속 하원의원이 되어 노동상, 교육상을 지낸 뒤 1914년 6월 수상 겸 외상이 되었다. 8월 독일이 선전포고를 하자 외상을 사임하고 신성연합 정부를 구성했다. 1915년 수상에서 물러나 법무상으로 1917년 3월까지 내각에서 일했다. 종전 후 국제연맹과 워싱턴 해군회의에 프랑스 대표로 참여했다.
42 Ulster Unionist Party(UUP). 영국과 아일랜드의 연합을 주창하는 정당으로 1905년에 결성되었다.

1921년 아일랜드가 독립하면서 북아일랜드가 영국에 잔류해 얼스터 지방 6개 주의 의회를 구성하게 되었는데, 얼스터 연합당은 1970년대에 분열을 맞기 전까지 북아일랜드 의회와 영국 의회 북아일랜드 의석의 다수를 차지했고, 이때까지 영국 보수당과 긴밀한 관계를 맺었다. 2022년 현재 영국 의회 상원에서 2석을 보유하고 있고 2019년 총선에서 하원의원 배출에 실패했다. 2017년에 선거가 실시되었던 북아일랜드 의회에서 10석을 차지했고 2019년 지방선거에서는 75석을 얻었다.
43 1914년 3월 20일 아일랜드 더블린 근교 커러에 있는 영국군 기지에서 장교들이 아일랜드 자치

전쟁으로 가는 데 기여한 세력들은 대체로 여느 때와 다를 바 없었다. 전투를 경험해 본 적이 없는 지각없는 나이 많은 장군들, 국가적 자존심을 지켜야 한다는 요구를 받아온 자기들 세계에 갇힌 외교관들, 호전적 애국주의를 조장하는 글 하나로 푼돈을 벌어들이는 데 골몰하는 언론인들. 이들은 근대 사회라면 어디에나 있는 병폐였고 스스로를 깎아먹을 뿐 해를 끼치지 않았다. 그러나 독일 군국주의는 차원이 달랐다. 독일은 군 장교들이 군 내부뿐 아니라 공적 영역에서의 도덕적 기풍을 좌우하는 유일한 사회였다. 대학 교수나 은행 관리자나 자신들이 예비군에서 부여받은 계급에 자부심을 가졌다. 영국이나 프랑스에서는 거의 찾아볼 수 없는 점이었다. 다른 어느 나라에서도 그럴 수 없었는데, 군의 가치가 어떤 면에서 독일 정책의 경향성을 결정했다. 물론 러시아도 "군국주의 군주 국가"가 될 수 있었다. 러시아가 무엇이라도 될 수 있는 능력이 있었다면 말이다. 그러나 전반적으로 무너져 내리는 차르 정권하의 러시아 체제는 이제 특성이라 할 것도 없었다.

독일은 1871년 제2제국 수립 이래 특히 군국주의적 성격을 보였다. 장군들이 계속해서 사회의 기풍을 좌우했고, 헌법이 계속해서 군에 유리한 방향으로 변형되었다. 하지만 제2제국 초

법(Home Rule) 시행에 반대하는 얼스터 의용군(Ulster Volunteers)의 소요를 진압하라는 명령에 불복한 일을 말한다. 영국 의회에서 1886년과 1893년에 두 차례 부결되었던 아일랜드 자치법안이 1912년에 통과되어 2년 후 시행을 앞두자 자치가 시행되면 다수인 구교도들이 소수인 신교도들을 억압하리라는 두려움에 신교 지역인 얼스터에서 의용군이 결성되어 무력을 동원한 저항의 움직임을 보였고 영국 보수당의 지지도 얻었다. 1914년 상황이 심각해져 영국군이 얼스터로 증원 병력을 보내고자 명령을 내렸으나 커러 기지의 장교들이 단체행동으로 이에 저항했다. 그러나 이에 대한 영국 정부의 처벌이 미미해 아일랜드 민족주의자들은

영국 정부의 아일랜드 자치 시행 의지를 의심하게 되었다. 자치법의 시행은 제1차 세계대전의 발발로 중지되었다.

44 Lloyd George, David 1863~1945 영국의 정치가. 1890년에 자유당 소속으로 의회에 진출한 후 애스퀴스 내각에서 재무상, 군수상, 전쟁상을 지내다가 1916년에 보수당과 연합해 애스퀴스를 밀어내고 수상이 되었다. 1922년까지 수상으로 있으면서 제1차 세계대전을 승리로 이끌었고, 전후에는 프랑스의 현실적인 안보정책과 미국의 이상주의적 유럽정책을 조화시키려 애썼다. 1918년 이후로는 보수당 세력과 충돌했으며 1922년에 보수당이 연립내각에서 탈퇴함으

로써 실각했다. 이후 자유당 당수(1926~1931)를 맡았고 1945년까지 하원에 남아 있었다.

전쟁 전야에 강대국들을 괴롭힌 몇 가지 문제들

❶ 사회민주주의라는 머리가 여럿 달린 괴물이 죽지 않으려는 것을 독일 황제가 보고 있다.

❷

Le Petit Journal

ADMINISTRATION
61, RUE LAFAYETTE, 61

Les manuscrits ne sont pas rendus

On s'abonne sans frais
dans tous les bureaux de poste

5 CENT.
25me Année

SUPPLÉMENT ILLUSTRÉ

—++—

5 CENT.

DIMANCHE 29 MARS 1914

Numéro 1.219

ABONNEMENTS

SEINE et SEINE-ET-OISE . 2 fr.   3 fr. 50
DÉPARTEMENTS. . . . . .   2 fr.   4 fr. »
ÉTRANGER . . . .   2 60   5 fr. »

Tragique épilogue d'une querelle politique

Mme CAILLAUX, FEMME DU MINISTRE DES FINANCES, TUE A COUPS DE REVOLVER
M. GASTON CALMETTE DIRECTEUR DU " FIGARO "

❷ 프랑스에서 벌어진 정치적 추문. 『르 피가로』 편집장에게 총격하는 카이요 부인.
❸ 훈련 중인 얼스터 의용군. 이들의 반란이 영국을 거의 내전으로 몰아가다.

기, 특히 비스마르크 재임기에는 군과 군 지도자들이 방어적 목적을 위해 존재했다. 비스마르크는 확실히 독일이 강대국들 가운데 가장 군국주의적으로 되지 않는다면 망할 것이라 가르쳤으나 그것이 그의 가르침의 전부였다. 정말로 비스마르크의 눈에는 독일의 힘이 약했기 때문에 군국주의적으로 되어야 했다. 이후로 독일은 점점 더 강해졌다. 독일인 중에서 자기 나라가 유럽 국가들 가운데 가장 강하다는 것을 의심하는 이는 거의 없었다. 그러니 독일이 당연히 누릴 것보다 적게 누리고 있다고 느끼게 되는 것은 쉽게 예상할 수 있는 수순이었다. 독일인들은 식민지 분배에 늦게 참여하게 된 데 원한을 느끼고 있었다. 따라서 그들은 "유리한 지위"를 요구했다. 비교적 무해한 요구였다. 아직 가져갈 수 있는 양지 바른 땅이 많이 있었고, 독일이 그 가운데 하나를 차지할 수 있었다. 그러나 다수의 독일인들이 독일이 유럽에 걸친 전반적인 통제권을 행사해야 한다고 생각하는 쪽으로 빠져버렸다. 프랑스가 아마도 루이 14세[45] 때처럼, 그리고 나폴레옹[46] 제국 시절에 확실히 그랬던 것처럼 말이다. 베를린이 파리의 뒤를 이어 유럽의 정치적 수도가 되고 런던이 차지하고 있는 경제적 수도의 자리를 이어야 할 것이었다. 이러한 일이 일어나지 않자 독일인들은 다른 국가들이 스스로 독일에 조공을 바치

---

45 Louis XIV 1638~1715 프랑스의 왕(1643~1715). 프랑스가 가장 화려하고 왕권이 가장 강력했던 시기의 국왕으로 태양왕으로 불렸다. 선대로부터 부유한 재정을 물려받았으나 베르사유 궁전 건축과 사치스러운 궁정생활 그리고 스페인 왕위계승전쟁 등 계속된 전쟁 수행으로 국력이 쇠약해지게 되었다.

46 Napoléon Bonaparte 1769~1821 프랑스의 장군, 황제. 프랑스 혁명전쟁의 시기에 군사적 업적으로 명성이 높아졌고 1799년 쿠데타로 정권을 잡아 3명이 다스리는 통령정부의 제1통령을 맡았으나 1804년 국민투표를 거쳐 제정으로 전환해 황제가 되었다. 대프랑스동맹의 저항에 맞서 유럽 대륙을 장악했지만 결국 패배해 몰락했다.

잠재적 적국에 월등히 앞선 독일의 경제력·군사력 상승에 따른 유럽의 실질적인 세력 분포

	영국	프랑스	러시아	터키	독일	오스트리아-헝가리
인구	46,407,037	39,601,509	167,000,000	21,373,900	65,000,000	49,882,231
동원 가능 병력	711,000*	3,500,000	4,423,000**	360,000	8,500,000***	3,000,000
상선(실 톤수)	11,538,000	1,098,000	(1913) 486,914	(1911) 66,878	3,096,000	(1912) 559,784
전함(건조 중 포함)	64	28	16		40	16
순양함	121	34	14		57	12
잠수함	64	73	29		23	6
연간 해외무역액(파운드)	1,223,152,000	424,000,000	190,247,000	67,472,000	1,030,380,000	198,712,000
연간 철강 생산량(톤)	6,903,000	4,333,000	4,416,000		17,024,000	2,642,000
철도 총연장	23,441	25,471	46,573	3,882	39,439	27,545

* 대영제국 포함, ** 즉시 동원 병력, *** 최대 긴급 동원 병력

지 않는다면 힘으로 빼앗아 와야 한다고 생각하는 데까지 이르렀다. 공공연한 공격성까지는 아니더라도 과격함이 1914년 이전 독일의 주요한 특성이었다. 이러한 과격함이 군 지도자들을 숭상하는 전통에 더해졌을 때 독일은 유럽에서 가장 위험한 국가가 되었다.

유럽 지배 계획을 의식적으로 마음에 둔 독일인들은 비교적 매우 소수였고, 그러한 계획이 실질적인 모습을 갖추도록 한 사람은 훨씬 더 적은 극소수에 불과했다. 고위직에 있던 독일인들 대다수는 유럽 사람들이 견지한 일반적 관점에서 자신들이 얼마나 멀리 떨어져 있는지 느끼지 못했다. 그들은 다른 나라에 손을 내밀었다고 생각했는데 거절당하자 분개하고 당혹했다. 그들의 생각에 자신들이 오스트리아제국을 오랫동안 지켜왔듯이 대영제국을 기꺼이 유지할 것이고, 자신들이 이탈리아를 보호하듯 기쁘게 프랑스를 보호할 것이고, 무엇보다도 러시아의 혁명 세력에 대항하는 차르를 기쁜 마음으로 지원할 것이었다. 이러한 관점을 다른 나라들이 공유하지 않는다는 것이 이상하고 화가 났다. 그들은 점점 더 독일의 "서슬 퍼런 검"—어느 나라에서나 정치가나 관리들이 군과 관련해 쓰던 옛날식 표현—에 의지하게 되었다. 모두가 칼과 기병의 공격이 생각나는 영광스럽고 영웅적인 전쟁을 머릿속에 그렸다. 실제로는 전혀 다른 전쟁을 겪게 되지만 말이다.

커다란 사건이 일어나면 그런 사건에는 엄청난 원인이 있으리라 기대하고 찾아내려는 것이 요즘 세태다. 그러나 1914년에 발발한 전쟁은 어쩌면 엄청난 원인이 없을지 모른다. 이전의 30년 동안 국가 간의 외교, 세력균형, 동맹체제, 군사력 증강이 평화를 낳았다. 갑자기 상황이 바뀌어 오랜 기간 평화를 가져온 바로 그 요인들이 이제 대규모 전쟁을 가져왔다. 매우 비슷한 사고방식인데, 30년 동안 사고를 내지 않기 위해 안전운전을 해온 운전자가 한번 실수를 해서 사고가 난다는 것이다. 1914년 7월, 일이 잘못되어 버렸다. 역사에서 어떤 일이 왜 일어났는지 확실하게 말할 수 있는 것이 무엇일까? 어떤 일이 일어나는 이유는 그런 일이 일어나기 때문이라는 말밖에 없을 것이다.

제2장

사라예보 암살사건이

일어나다

프란츠 페르디난트 대공 살해 직후 체포되는 프린치프

제1차 세계대전이 발발한 계기는 1914년 6월 28일 보스니아의 수도 사라예보에서 두 발의 총탄이 발사된 사건이었다. 보스니아의 고등학생 가브릴로 프린치프[47]가 총탄 두 발을 쏘아 프란츠 페르디난트 대공[48]과 신분이 낮은 그의 부인 호엔베르크 공작 부인 조피[49]를 살해했다. 대공과 고등학생, 이 두 인물은 상징성이 매우 컸다. 프란츠 페르디난트 대공은 오스트리아 황제 프란츠 요제프[50]의 조카이자 일 순위 상속자로 오스트리아 황제 및 헝가리 국왕, 왕, 대공, 백작, 이곳저곳의 영주 지위를 계승할 인물이었다. 이름뿐인 예루살렘 왕도 빼놓을 수 없다. 대공은 오스트리아-헝가리 육군의 검열총감이기도 했다. 그는 합스부르크 왕국 그 자체였다. 합스부르크 왕국은 거의 오백 년 동안 유럽 강대국들 가운데서도 강국으로 꼽혔다. 전쟁을 잘 해내지는 못했지만 오백 년 동안 어떻게든 강대국으로 존속했다. 합스부르크 왕국은 터키인들에 대항해 기독교 세계를 지켜냈고, 개신교도들에 맞서 반종교개혁을 수행했다. 프랑스 혁명과 나폴레옹 1세에 저항했으며, 이제 11개의 서로 다른 민족(유대인을 포함하면 12개)의 집합체로서 민족의 자유에 대항하는 역사적 권리를 대표하는 것처럼 보였다. 현실에 나타난 모습은 독일인들과 마자르인들(혹은 헝가리인들)의 나머지 민족들에 대한 지배였다. 프란츠 페르

---

47 Princip, Gavrilo 1894~1918 보스니아 태생의 세르비아계 민족주의자. 오스트리아-헝가리제국의 프란츠 페르디난트 대공을 살해했다. 범행 당시 20세가 안 된 미성년자여서 사형이 아니라 징역형을 받았으나 감옥에서 병사했다.
48 Franz Ferdinand 1863~1914 오스트리아의 대공. 프란츠 요제프 황제의 조카로 황위 계승자였다. 슬라브인들을 참여시켜 제국을 개편하려 했으나 헝가리, 세르비아의 반발을 사게 되고 1914년 6월에 사라예보에서 프린치프에게 살해되었다.
49 Chotek, Sophie 1868~1914 오스트리아-헝가리제국의 황위 계승자 프란츠 페르디난트 대공의 배우자. 보헤미아의 초테크 가문에서 태어나 프란츠 요제프 황제의 반대에도 불구하고 대공과 혼인했다. 1914년 6월 28일 대공과 함께 사라예보에서 살해당했다.
50 Franz Joseph 1830~1916 오스트리아-헝가리제국의 황제. 1848년 황제가 되어 프로이센-오스트리아 전쟁, 이탈리아 독립전쟁 등을 겪었으며, 안으로는 의회를 허용하고 오스트리아와 헝가리를 분리해 다스리며 밖으로는 독일과 동맹을 결성하는 등 쇠퇴해가는 제국을 강화하려 애썼다.

디난트는 본디부터 전제주의자로 두 민족이 지배적인 역할을 하는 것을 좋아하지 않았다. 끝내 자신이 다스리지 못한 다른 민족들을 좋아하지 않은 것이나 진배없었다.

고등학생 프린치프는 보스니아 농부의 아들이었다. 보스니아가 터키인들의 지배하에 있을 때 선조 중 몇몇이 터키 치안군에서 복무했다. 그의 조부는 1875년 터키에 대항한 반란에 참여했다. 프린치프는 할아버지의 뒤를 따랐다. 보스니아의 신민이었으나 민족적으로나 정서적으로는 세르비아인이었다. 그는 처음으로 국경을 건너 세르비아에 갔을 때 무릎을 꿇고 민족의 땅에 입을 맞췄다. 1912년 세르비아가 터키에 대항해 독립전쟁을 일으켰을 때 프린치프는 세르비아 비정규군에 들어가려 했지만, 너무 어리고 체격이 작다고 거절당했다. 당시 그는 고등학교를 막 마쳤을 때였다.[51]

그가 학생 신분이었던 것은 학교를 떠나 아직 다른 일을 하지 않는 상태였다는 말이다. 그는 민족 독립의 대의를 위해 무언가 대단한 일을 할 수 있기를 바랐다. 그런데 그 일이 세르비아인들만을 위한 것은 아니었다. 다른 젊은 이상주의자들처럼 프린치프는 모든 남슬라브인들의 연합을 바랐다. 그의 민족주의는 그의 혁명 정신의 일부에 불과했다. 그는 반은 무정부주의자

---

[51] 실제로는 반오스트리아 시위에 참가했다는 이유로 사라예보의 고등학교에서 퇴학당한 상태였다.

였고 반은 사회주의자였다. 그와 그의 친구들은 청년보스니아 Young Bosnia 소속이라 주장했다. 지난 세기 마치니[52]의 청년이탈리아당을 모방한 것이었다. 그들은 사상 면에서 1916년 부활절 봉기를 일으킨 아일랜드 극렬주의자들과 가까웠다. 프린치프와 그의 친구들을 가장 잘 이해한 유고슬라비아의 근대사가 블라디미르 데디예르[53]는 그들을 "원초적 반란자들"이라 칭했다. 원초적이라 표현했지만 어쩌면 현재와 그렇게 거리가 멀지 않을지 모른다. 그들이 20년 뒤 스페인 내전 소식을 들었다면 참가해 싸웠을 것이다. 오늘날에도 그들이 살아 있었다면 최근에 유럽 전체를 뒤흔든 학생 반항 세력에 참여해 자기 나라에서 저항했을 것이다. 프린치프는 자기 민족이 합스부르크의 압제로 민족적 자유를 빼앗겼다는 특정한 원한을 지녔어도 시간을 초월해 저항의 상징이 된 학생이었다.

프란츠 페르디난트 대공 부부의 죽을 날이 정해지다

대공과 고등학생이 마주치게 될 날은 한참 전에, 적어도 그해 3월에는 정해져 있었다. 그때 보스니아에 주둔한 오스트리아-헝가리군의 하계 기동훈련이 계획되었고 대공이 방문을 결

---

52 Mazzini, Giuseppe 1805~1872 이탈리아의 혁명가. 1827년 학교를 마친 후 법률가로 경력을 시작했지만 1829년 카르보나리당에 가입해 지하활동을 시작했다. 1830년에 체포되어 1831년에 풀려난 후 마르세유로 망명했고 청년이탈리아당을 조직해 애국주의, 공화주의에 기반한 혁명 활동을 벌였다. 가리발디 (Garibaldi, Giuseppe), 카부르(conte di Cavour, Camillo Benso)와 함께 리소르지멘토운동의 대표적인 인물로 꼽힌다. 공화주의의 신념을 끝까지 견지해 1861년 이탈리아가 통일왕국이 되었을 때 의회에 참여하지 않았다.
53 Dedijer, Vladimir 1914~1990 유고슬라비아의 혁명가, 정치가, 역사가. 기자생활을 거쳐 공산당 활동

을 했으며 제2차 세계대전 시에는 나치에 대항하는 빨치산 투쟁에도 가담했다. 전후 당 중앙위원, 유엔 총회 대표단 등으로 활동했으나 동료 밀로반 질라스(Djilas, Milovan)의 공산당 비판과 법치 주장을 표현의 자유로 옹호하다가 집행유예형을 받은 후 역사가로 세계 곳곳의 대학에서 강의했고, 러셀(Russell, Bertrand), 사르트르(Sartre, Jean-Paul) 등과 함께 인권 운동을 했다. 그가 쓴 티토(Tito, Josip Broz)의 전기가 유명하다.

유럽에서 가장 역사가 긴 왕조의 오랜 영광이 중세 시대를 간신히 벗어난 민족의 민족주의적 열망에 흔들리다.

❶ 제국의 화려함에서 따라올 가문이 없는 합스부르크가

❷ 하지만 합스부르크가는 미천한 세르비아인들에 의해 파멸될 운명이었다. 그들은 터키인들과 싸워 1878년에 겨우 독립을 얻은 민족이었다.

정했다. 명백한 정치적 행동이었다. 1912년과 1913년에 벌어진 두 차례의 발칸 전쟁으로 세르비아인들이 터키인들의 지배에서 벗어났다. 합스부르크의 지배하에 있던 세르비아인들 및 남슬라브인들의 해방 논의가 자연히 뒤따랐다. 직전의 전쟁으로 소진된 세르비아에서보다는 보스니아에서 더 많이 이야기되었다. 오스트리아–헝가리 정부는 세르비아가 오스만제국 영토를 조금이라도 획득하는 것을 용납하지 않겠다고 선언했다. 그럼에도 불구하고 그런 일이 벌어졌을 때 오스트리아–헝가리는 알바니아에 대한 세르비아의 요구를 제한하는 것 말고는 거의 아무것도 하지 못했다. 합스부르크가 민족주의에 설 자리를 잃어가는 것처럼 보였다. 정면으로 맞서야 하는 순간이 왔다. 오스트리아–헝가리군은 보스니아에서 힘을 보여주어야 했고, 왕위 계승자는 군의 무력 과시에 정치적 무게를 실어주어야 했다.

대공이 고등학생에게 살해당할 날이 역사상 훨씬 더 전에 정해졌다고 말하고 싶기도 하다. 6월 28일은 세르비아의 수호성인인 성 비투스St.Vitus의 축일이었다.[54] 1389년의 같은 날 옛 세르비아의 마지막 남은 군대가 코소보 평원 전투에서 오스만튀르크에 괴멸당했다. 복수는 1912년 가을에 이르러서야 새로운 세르비아의 군대가 쿠마노보 전투에서 터키인들을 무찌름으로써 이

---

54 성 비투스 축일은 율리우스력으로 6월 15일이다. 그레고리우스력으로는 20세기와 21세기에 6월 28일이다. 성 비투스는 이탈리아 남부 출신으로 서기 303년 로마 황제 디오클레티아누스(Diocletianus, Gaius Aurelius Valerius)가 기독교도 박해를 위한 칙령을 발표한 후 실행한 대규모 박해 때 순교한 인물로 전해진다. 세르비아는 1389년 6월 15일(율리우스력)에 코소보 전투에서 오스만제국 군대와 싸우다 숨진 라자르 공(Prince Lazar)을 기리기 위해 성 비투스를 수호성인으로 삼고 성 비투스 축일을 기념해왔다.

루어졌다. 대공이 세르비아의 신성한 국경일에 사라예보를 방문해 세르비아인들의 민족 감정에 맞선다면 기막힌 타이밍이 될 것이었다. 이러한 연관성이 의도된 것이라는 증거는 없다. 합스부르크가는 자신들이 지배하는 이들의 민족적 전통에 대해서 전혀 알지 못했다. 아마 대공과 그의 고문들은 코소보에 대해 들어본 적도 없었을 것이다. 기껏해야 그들은 6월 28일이 보스니아의 기념일 같은 날이고 그날 방문해서 의식을 치르면 좋을 것이라 어렴풋이 인식했을 것이다.

두 가지 중요한 우연의 일치

그런데 6월 28일은 또 다른 점에서도 중요한 날이었다. 1900년 같은 날 대공이 결혼했다. 그의 아내 조피 초테크는 보헤미아의 오래된 귀족 가문에서 태어났지만 합스부르크가의 일원으로 "받아들여질 만한 신분"에 이르지 못했다. 왕가나 황가 출신이 아닌 그냥 귀족에 불과해 남편의 지위를 함께 누리는 것이 허용되지 않았고, 둘 사이에서 태어난 자녀들은 상속권을 받지 못했다. 궁정 예식에서 대공 부인은 가장 나이 어린 공작 부인의 다음 순서였다. 프란츠 페르디난트는 아내가 이런 굴욕을 당하

❶ 세계대전의 도화선에 불을 붙인 총탄. 죽음을 맞으러 사라예보 시청을 나서는 프란츠 페르디난트 대공 부부

❷ 암살자가 겨눈 목표는 프란츠 페르디난트 대공으로 합스부르크 왕국의 지배자 프란츠 요제프의 상속인이었다.

❸ 대공의 살해 장면을 실제로도 그랬을 법하게 화려한 장면으로 묘사한 신문 삽화(프랑스 신문 「르 프티 주르날Le Petit Journal」 1914년 7월 12일 자에 실렸다.)

는 데 매우 분개했다. 그가 보스니아를 방문할 때는 대공이 아니라 검열총감의 지위로 가는 것이었다. 순전히 군사적 목적에서 열리는 행사일 것이고 그의 아내는 그의 옆에 있어도 될 것이었다. 결혼기념일을 축하하기 위해 더 이상 좋은 일이 없을 것이었다. 여기서도 대공의 세르비아 방문 날짜와 결혼기념일이 의도적으로 맞추어졌다는 증거는 없다. 어쩌면 대공의 세르비아 방문과 결혼기념일이 같은 날이 된 것은 우연이었다. 대공의 세르비아 방문과 코소보 전투 날이 같은 날이 된 것이 우연이듯이 말이다. 당시에는 아무도 몰랐다. 대공은 그저 세르비아인들의 민족 감정에 맞서기로 결정했고, 그의 아내는 그의 뜻을 따라 동행했다.

세르비아의 수도 베오그라드로 옮겨와 있던 프린치프는 마지막 시험 결과를 기다리고 있었는데 보스니아에 있는 친구가 사라예보 신문에서 기사를 오려 보냈다. 대공의 방문이 있을 것이라는 발표였다. 프린치프를 위한 일대의 순간이었다. 그는 오랫동안 민족의 자유를 위한 일격을 가할 수 있기를 소망해왔다. 전쟁에서 싸우는 것이 아니라면 누군가를 암살해서 그렇게 할 것이었다. 그는 보스니아 총독 포티오레크[55] 암살에 대해 말해왔다. 프란츠 페르디난트는 훨씬 더 마음에 드는 목표였다. 사람들

---

[55] Potiorek, Oskar 1853~1933 오스트리아-헝가리의 군인. 1914년 6월 28일 보스니아·헤르체고비나 총독으로 프란츠 페르디난트 대공과 부인이 살해당할 때 같은 차에 타고 있었다.

연로한 프란츠 요제프 황제와 조정 신하들. 황제가 프란츠 페르디난트 대공을 마주 보고 서 있다. 휘황찬란하게 빛나는 화려함이 쇠퇴하는 제국을 지탱했다.

이 흔히 생각하는 것과 반대로 프린치프는 보스니아에서 학교 친구들 모임 말고는 어떤 비밀결사에도 속하지 않았다. 그런데 아마 스스로도 알지 못했을 것인데 그에게 연결된 단체가 있었다. "검은 손Black Hand"이라는 민족주의 단체였다.

복잡하게 얽힌 상황

"검은 손"은 원래 세르비아 장교들의 결사였다. 1903년 세르비아 국왕 알렉산다르 오브레노비치[56] 살해에 관련이 있었다. 이 일이 있은 후 마케도니아로 가서 비정규군 조직을 운영했다. 터키인들에게 피해를 주기보다 세르비아와 마찬가지로 마케도니아에 대한 권리를 주장하는 불가리아인들과 다투기 위해서였다. 이러한 활동은 마케도니아가 오스만제국으로부터 해방되고 세르비아가 불가리아에 맞서 마케도니아의 대부분을 차지한 1913년에 멈췄다. 이제 "검은 손"은 세르비아 정부와 갈등을 겪게 되었다. 마케도니아 통제를 군 장교들이 맡기를 원했지만 정부는 민간 통치체제를 수립하기로 결정했다. 이러한 갈등이 더욱 생각지 못한 방향으로 흘러가게 된 것은 "검은 손"의 우두머리 "아피스Apis"가 실제로는 세르비아군 정보기관의 책임자 디미

---

56 Aleksandar I of Serbia, Aleksandar Obrenović 1876~1903 세르비아의 국왕(1889~1903). 국제 관계의 격랑과 국내 불안을 극복하지 못해 퇴위한 부친 밀란 오브레노비치(Milan Obrenović)의 뒤를 이어 어린 나이에 국왕이 되었다. 그러나 섭정 의회를 해산하고 친정 체제를 수립히면서 자유주의 헌법을 폐지하고 되위한 부친을 최고사령관에 임명하는 등 국민의 지지를 잃는 행동을 하다가 궁에서 살해당했다. 이후 페타르 1세(Petar I)가 즉위해 오브레노비치 왕조가 끝나고 카라조르제비치 왕조가 시작되었다.

사라예보 암살사건의 배후로 지목된 두 사람, 그러나
이들은 서로 살벌한 정적 관계였다.

❶ "검은 손"의 우두머리 아피스로 활동한 디미트리
    예비치 대령
❷ 세르비아 수상 파시치

트리예비치 대령[57]이었다는 점에서부터였다. 아피스는 수상 파시치[58]를 자리에서 밀어내려고 음모를 꾸몄다. 그런데 일이 어그러졌다. 아피스를 지원하던 페타르 1세[59]가 국무를 수행하기에 노쇠하여 왕세자 알렉산다르[60]에게 권력을 넘겨주었는데 왕세자는 아피스를 싫어했다. 이와 동시에 이전에 역시 아피스를 지원하던 베오그라드 주재 러시아 공사 하르트비크[61]는 러시아가 발칸 반도에서 새로운 문제를 원치 않는다는 입장을 표명했다. 파시치는 수상 자리에 복귀했고 총선거를 치르기로 결심했다. 그럼으로써 "검은 손"을 계속 억제할 요량이었다.

이러한 상황에서 아피스의 생각은 저 멀리 합스부르크가의 대공이 아니라 파시치를 향하고 있었다. 대공은 왕위에 오르면 남슬라브인들을 회유할 것이고 따라서 대(大)유고슬라비아 건설 계획을 저지하게 될 인물이라서 아피스가 암살 계획을 꾸몄다고 추측하는 모든 견해는 정말로 이치에 맞지 않는 이야기이다. 그 이유는 아피스가 남슬라브인들이 아니라 오로지 세르비아인들만을 생각했기 때문이다. 그랬기에, 아피스가 파시치를 곤경에 빠뜨리려고 했다고 말하고 싶어진다. 사라예보에서 암살 시도가 있다면 오스트리아인들은 베오그라드에 항의할 것이고, 특히 암살을 시도한 자가 세르비아인이라는 것을 안다면 더욱

57 Dimitrijević, Dragutin 1876~1917 세르비아 군의 장교. "검은 손"으로 알려진 비밀 결사의 우두머리로 프란츠 페르디난트 대공 시해를 꾸미는 데 큰 역할을 했다. 이후 대령으로 승진했으나 세르비아 수상 니콜라 파시치가 "검은 손" 결사를 제거함으로써 처형되었다.

58 Pašić, Nikola 1845~1926 세르비아의 정치가. 1891년에 수상이 된 이후 22번에 걸쳐 조각(組閣)을 했다. 발칸 전쟁과 제1차 세계대전 시 세르비아를 성공적으로 통치했다.

59 Petar Ⅰ of Serbia, Petar Karađorđević 1844~1921 세르비아의 국왕(1903~1918). 세르비아-크

로아티아-슬로베니아 왕국의 국왕(1918~1921). 카라조르제비치가 출신으로 오브레노비치가의 알렉산다르 1세가 살해당한 후 의회에서 국왕으로 선출되었다. 국내적으로 자유주의를 확대했고 대외적으로 발칸 전쟁을 치렀다. 제1차 세계대전 때는 연합국 편에서 싸웠는데 1915년 독일, 오스트리아-헝가리제국, 불가리아 연합군의 침공을 받고 알바니아를 거쳐 코르푸에 피신했다. 제1차 세계대전 직전에 왕세자 알렉산다르에게 권력을 넘겨 명목상의 국왕의 자리에 있으며 1918년 12월에는 세르비아-크로아티아-슬로베니아 왕국을 선포하고 국왕이 되었다.

60 Aleksandar Ⅰ of Yugoslavia, Aleksandar

그럴 터였다. 파시치가 굴복한다면 그는 세르비아인들의 신뢰를 잃을 것이고, 굴복하지 않고 맞선다면 민족주의자들인 "검은 손"의 지원을 다시 한번 필요로 할 것이었다. 아쉽게도 아피스가 프란츠 페르디난트 대공 암살 계획을 착수 전에 이미 알고 있었다는 증거는 없다. 프린치프와 "검은 손"의 연결은 또 다른 우연이었다.

프린치프 자신은 "검은 손" 측과 접촉했다는 것을 전혀 몰랐다. 1912년 세르비아 비정규군에 들어가려 했을 때 탄코시치[62] 소령에게 인도되었다가 거절당한 것이 그가 아는 전부였다. 이제 프린치프가 탄코시치를 다시 찾아갔다. 그가 아는 유일한 세르비아인이었는데, 딱 맞는 사람을 제대로 찾았던 것이다. 탄코시치는 비정규군의 조직책으로 마케도니아에서 싸울 때 무장했던 무기가 있었다. 이제 발칸 전쟁의 승리로 무기가 필요 없었지만 일부 남은 것이 있었다. 그는 프린치프가 폭탄 여섯 점과 권총을 가져가도록 하는 데 동의했다. 나중에 그는 "파시치를 궁지에 빠뜨리기" 위해 그랬다고 말했다. 마케도니아에서 공작이 끝나 일이 없는데 보스니아에서 소란이 벌어지게 되어 기뻤다는 설명이 좀 더 그럴듯하다. 어쨌거나 무기를 나누어주는 일은 탄코시치의 일상적 공작 활동이었고, 아피스나 다른 "검은 손" 일

Karađorđević 1888~1934 세르비아-크로아티아-슬로베니아 왕국의 국왕(1921~1929), 유고슬라비아의 국왕(1929~1934). 세르비아 국왕 페타르 1세의 차남으로 형이 왕위 승계를 포기하며 등극했다. 발칸 전쟁 및 제1차 세계대전에서 공을 세웠고, 아버지 페타르 1세가 뒤로 물러나자 섭정으로서 1918년 세르비아-크로아티아-슬로베니아 왕국을 선포했다. 1921년 왕위에 즉위했으며 민족 간 통합을 이루려 애쓰며 국호를 유고슬라비아로 바꿨다. 민족주의자들의 저항에 맞서며 전제정치를 강화하다가 1934년 프랑스 마르세유 방문 중 프랑스 외상 바르투(Barthou, Louis)와 함께 살해당했다.

61 Hartwig, Nicholas Genrikhovich 1857~1914 러시아의 외교관. 러시아로 이주한 독일계 인물로 러시아의 주페르시아 공사와 주세르비아 공사(1909~1914)를 지냈다. 친세르비아적이었고 러시아가 슬라브인들의 문제에 개입한다고 확신했으며 이로 인한 오스트리아와의 갈등을 독일과의 관계 증진을 통해 대응하기 원했다.

62 Tankosić, Vojislav 1880~1915 세르비아의 군인. 지하조직 "검은 손"의 일원으로 오스트리아의 프란츠 페르디난트 대공 살해에 가담한 학생들을 도운 것으로 알려져 수감되었으나 오스트리아가 세르비아를 공격하자 풀려나 참전했다가 전사했다.

Infelix Austria!

Was nun?

죽음이 질문을 던진다. "불쌍한 오스트리아여, 지금 무엇을 하고 있나요?" 오스트리아-헝가리가 세르비아에 요구할 것을 생각해내느라 애쓰는 4주 동안 유럽은 이 질문의 답이 궁금했다.

원의 의견을 구해야겠다는 생각에 이르지 못했다.

프린치프는 베오그라드에서 알게 된 다른 두 명의 보스니아 학생을 암살 계획에 참여시켰다. 그는 또한 사라예보에 있던 연배가 약간 위인 친구 일리치[63]에게 편지를 써서 세 명이 더 필요하다고 말했고, 일리치가 계획에 가담할 세 사람을 찾아냈다. 이렇게 해서 일리치는 모든 일을 꾸민 사람이 되었다. 그가 정말로 "검은 손"의 일원이었을 수도 있다. 이에 대한 유일한 증거는 일리치가 목숨을 건지려고 자백했을 때의 진술밖에 없다. 모든 지시를 프린치프가 내렸다. 탄코시치는 보스니아에 있던 세 명의 공모자들에게 무기를 가지고 국경을 건널 수 있게 도와줌으로써 또 한 번 조력했다. 이 일도 마케도니아 시절과 같은 일상적 공작활동이었다. 세 청년은 분별없이 자신들의 임무에 대해 말을 내뱉었고, 자신들을 숨겨준 이들이 파멸당하는 결과를 낳았다.

이들이 국경을 넘었다는 소식이 오스트리아 당국에 도달하지 않았다. 어쨌거나 경찰이나 민간 관리들은 열심히 일하지 않았다. 그들은 대공의 방문이 위험한 계획이고 의견을 말할 기회가 있었다면 만류했으리라 생각했다. 그러나 그럴 기회는 없었다. 방문은 순전히 군의 행사로 준비되었고, 군 당국은 아무런

---

63 Ilić, Danilo 1890~1915 보스니아 태생의 세르비아 민족주의자. 오스트리아의 프란츠 페르디난트 대공 암살 가담자 일곱 명 중 한 명이다. 1915년 처형당했다.

말썽도 없으리라 확신했다. 민간 관리들은 따라서 기분이 나빠 있었고 주의를 기울이지 않았다. 1910년 프란츠 요제프 황제의 사라예보 방문 당시에는 정치적 요주의 인물 수백 명이 방문 당일에 감금되어 있었고, 경찰 수천 명이 추가로 투입되었다. 1914년에는 검거된 사람이 전혀 없었고 5만 명이 거주하는 도시에 안전을 지키기 위해 경찰 120명이 할당되었을 뿐이다. 군은 대공의 이동 경로에 군인들을 세우는 것은 불필요하다고 주장했다. 대공을 지켜줄 것은 합스부르크가의 위신 말고 없었다.

　세르비아 정부는 무장한 몇 사람이 국경을 넘어 보스니아로 갔다는 사실을 알았다. "검은 손"에 정부 요원들이 있었고 아피스에게 무슨 일이 일어나지 않도록 해야 한다고 주의를 주었다. 아피스는 탄코시치로부터 무슨 일인지 들었다. "검은 손"의 대공 암살 계획이 중지되어야 한다고 결정했다. 아피스는 보스니아로 요원을 보냈고, 그 요원이 일리치를 불러들였다. 일리치가 유일한 접촉선이었다. 일리치는 암살 시도가 있어서는 안 된다는 지령을 받았다. 일리치는 사라예보로 돌아가 프린치프에게 말했다. "검은 손"의 일원이 아니었던 프린치프는 이를 무시했다. 일리치는 내키지 않았지만 친구들과 계속 행동을 함께했다. 아피스가 다른 한편으로는 세르비아 정부의 말을 거슬러 행동했다고 볼 수도 있다. 대공이 살해되던 날 아피스의 다른 요원들이 사라예보에 모습을 드러냈고, 어쩌면 암살 공모자들에게 계획을 진행하라고 말했을 수 있다. 아피스가 말한 것은 어느 쪽이든 그다지 중요하지 않다. 프린치프와 친구들은 스스로 결정을 내렸고, "검은 손"으로부터 명령을 받지 않았다.

　　세르비아 정부는 또한 빈에 위험을 알리려 했다. 그런데 이는 굉장히 힘든 일이었다. 세르비아 정부는 암살 공모자들의 이름을 알지 못했고, 어쨌거나 세르비아의 애국자들을 넘겨줄 수는 없었다. 따라서 빈 주재 세르비아 공사[64]는 위험을 모호하게 암시하는 방법을 취할 수밖에 없었다. 예를 들어, 오스트리아-헝가리군의 세르비아 병사가 실탄을 장전하고 있다가 실수로 대공을 살해할 수도 있을 터였다. 그런 모호한 이야기는 당연히 감정만 상하게 할 뿐이었다. 더욱이 세르비아 공사는 사람을 잘못 찾아갔다. 그렇다고 제대로 찾아갈 수도 있었다는 것은 아니다. 그는 오스트리아-헝가리의 재무상 빌린스키[65]에게 말했다. 빌린스키는 확실히 보스니아를 맡고 있었는데 더 잘할 수 있는 일이 달리 없었기 때문이었다. 그러나 그는 민간 행정의 수반일 뿐이었고 군에 대해서는 권한이 없었다. 또한 그는 프란츠 페르디난트와 사이가 좋지 않았다. 따라서 빌린스키는 경고를 전달하지 않

---

64 Jovanovic, Jovan 1869~1939 세르비아의 외교관. 1900년에 외무성에 들어가 빈 주재 공사 (1912~1914), 런던 주재 공사(1916~1919), 워싱턴 주재 공사(1920)로 일했다.

65 Bilinski, Leon 1846~1923 폴란드계 오스트리아 정치가. 오스트리아-헝가리제국에서 중앙은행 총재, 재무상을 역임했으며 보스니아·헤르체고비나의 총독이었다. 제1차 세계대전이 끝나고 독립한 폴란드의 재무상이 되었다.

았다. 마찬가지로, 전달했다 하더라도 결과가 달라지지 않았겠지만 말이다. 사라예보에 어떤 위험이 도사리고 있건 대공은 그곳으로 가기로 훨씬 더 굳게 마음먹었다.

대공이 정시에 도착하다

그렇게 무대가 마련되었다. 6월 25일 프란츠 페르디난트 부부가 군사령부가 있는 사라예보 외곽의 온천지 일리자에 도착했다. 대공은 군대를 검열하고 기동훈련에 참석했다. 프란츠 페르디난트 부부는 자동차를 타고서 사라예보를 비공식 방문했다. 민속박물관을 들렀고 사라예보 제일의 호텔에서 한잔했다. 그들을 환영을 받았다. 이튿날의 공식 방문을 앞두고 모든 일이 좋은 조짐을 보였다. 대공 부부는 오전 9시 25분에 특별열차를 타고 일리자를 출발할 예정이었다. 사라예보에서는 지붕 없는 퍼레이드 차량 6대가 맞이할 것이었다. 그들은 근처의 병영을 검열하고, 10시 정각에 밀랴츠카 강둑을 따라 시청까지 차로 이동할 것이었다. 시청에서 환영사가 있고, 이어 퍼레이드 차량 행렬로 구시가지의 좁은 길을 따라 박물관까지 이동해, 거기서 새 전시관 공식 개장 행사에 참석할 것이었다. 대공의 방문 계획에는 결국 실행되지 못했던 많은 일이 더 있었다. 일리치도 만반의 준비를 갖추었다. 공모자 세 명은 강둑에, 다른 세 명은 안쪽에 배치하고 자신은 무장하지 않고 일이 어떻게 진행되는지 지켜볼 셈이었다.

9시가 되자 공모자들이 자리에 위치했다. 대공 역시 시간을 잘 지켰다. 계획에 어긋나는 일이 딱 하나 사라예보역에서 발생했는데, 빈에서 온 경호원들이 탔어야 할 선도 차량이 그들을 태우지 않고 그냥 떠나버렸다. 대공이 병영 방문을 마쳤고 곧이어 강둑을 따라 차량 이동이 시작되었다. 여섯 명의 공모자들 가운데 다섯이 계획한 행동을 전혀 실행에 옮기지 못했다. 움직이는 목표물을 타격해본 경험이 전무했고 모여든 군중 때문에 당황했다. 첫 번째 소년은 자신의 뒤에 경찰이 있다고 생각해 폭탄을 꺼내면 계획이 노출될까 두려워서 못 했다. 두 번째 소년은 대공의 부인이 불쌍해서 못 했다. 세 번째 소년 차브리노비치[66]는 가장 믿음직하지 못해서 마지막 순간에야 폭탄을 지급받았다. 그러나 여섯 명 가운데 유일하게 행동을 했다. 그는 어느 경찰관에게 "대공 전하의 차가 어떤 건가요?" 하고 물었고, 경찰관은 친절하게 말해주었다. 그러자 그는 가로등 기둥에 신관 뚜껑을 부딪쳐 떼어낸 후 폭탄을 던졌다.

신관 뚜껑이 대공 부인에게 날아가 목에 상처를 냈다. 폭

---

66 Čabrinović, Nedeljko 1895~1916 보스니아 태생의 세르비아 민족주의자.

불발한 첫 번째 살해 시도. 차브리노비치가 던진 폭탄이 떨어진 제방도로 현장에 선 경찰관. 폭탄은 대공이 탄 차를 따라 오던 차량 밑에서 터져 12명이 부상했다. 프란츠 페르디난트가 부상자들을 방문하러 병원으로 향하는 길에 두 번째 암살 시도가 벌어졌고 성공했다.

탄은 대공이 탄 차의 뒤편에 맞고 튕겨나가 뒤에 오던 차 아래에서 터졌다. 그 차는 바퀴가 부서져 12명이 부상했다. 손상된 차가 도로 밖으로 치워지고, 차량 이동이 계속 진행되었다. 프린치프는 폭발음을 듣고 제 위치를 떠나 차브리노비치가 끌려가는 것을 봤다. 그는 대공 살해 공모를 들키지 않기 위해서는 차브리노비치를 죽여야겠다고 생각했으나 너무 어려울 것이라 판단하고 한 카페에 자리 잡고 앉아 자살을 생각했다. 다섯 번째 소년은 대공을 발견하기에 눈이 너무 나빴고, 어쨌거나 용기를 잃었다. 마지막 소년은 일리치의 지시에 따를지 살해 기도를 그만둘지 어쩔 줄 몰랐다. 또한 그는 자신이 폭탄을 던지면 모여 있던 사람들이 다칠까 두려웠다. 그 역시 아무 행동도 하지 않았다.

두 번째 시도가 성공하다

대공은 시청에 도착했을 때 매우 화가 나 있었다. "나는 친선 방문으로 왔는데 누군가 내게 폭탄을 던졌소"라고 시장에게 말했다. 그러고는 평정을 되찾고 시장의 환영사를 들었으며 비교적 품위를 잃지 않고 답사를 했다. 대공이 포티오레크에게 "다른 시도가 있을 것이라 생각하느냐"고 물었다. 포티오레크는

"안심하고 가십시오. 제가 모든 책임을 지겠습니다"라고 말했다. 대공은 박물관으로 가기 전에 병원을 방문해 부상당한 사람들을 만나기로 마음먹었다. 따라서 차량 행렬은 구시가지로 들어가지 않고 강둑을 쭉 따라가게 될 것이었다. 이날을 위해 대공에게 자신의 퍼레이드 차량을 내주었던 하라흐 백작[67]이 강 쪽으로부터 폭탄이 날아오는 것을 막기 위해 차량 발판에 서서 함께 이동했다. 운전사들은 변경된 계획을 전달받지 못했다. 선도 차량 두 대가 구시가지로 들어갔고, 대공의 운전사가 그 뒤를 따랐다. 포티오레크가 소리쳤다. "멈추게, 길을 잘못 들어섰네." 운전사는 멈추어 강둑 쪽으로 차를 되돌리려 했다.

프린치프가 바로 길모퉁이에 있는 카페에 앉아 있었다. 놀랍게도 그는 자신의 바로 앞에 대공이 있는 것을 봤다. 그는 권총을 꺼냈다. 경찰관 한 명이 그의 팔을 제지하려 했으나 옆에 서 있던 프린치프의 친구에게 무릎을 차여 실패했다. 프린치프는 두 발을 쏘았다. 한 발은 대공을 맞혔고, 어쩌면 앞자리의 포티오레크를 겨눈 것이었을 다른 한 발은 뒷자리의 대공 부인을 맞혔다. 부인은 즉사했다. 대공은 신음했다. "조피, 아이들을 위해 살아주오." 그러고 나서 하라흐 백작에게 "괜찮소"라 말하고 역시 쓰러져 죽었다.

67　Harrach, Franz Granf von 1870~1937 모라비아 출신의 귀족. 오스트리아군의 수송 군단에 소속되어 있었으며 프란츠 페르디난트 대공의 사라예보 방문 시 자신의 퍼레이드 차량을 대공이 이용하도록 했고 대공을 경호했다.

프린치프도 차브리노비치와 마찬가지로 체포되었다. 두 사람 다 솔직하게 자백했으며, 곧 다른 공모자들도 한 사람을 제외하고 모두 체포되었다. 이들이 국경을 넘는 데 도움을 준 많은 이들도 함께 체포되었다. 공정성에 주의를 기울인 재판을 거쳐 성인이 된 사람은 모두 사형을 선고받았다. 프린치프와 차브리노비치 그리고 다른 한 명은 전쟁 중에 감옥에서 옥사했는데 학대를 당해서라기보다 방치되어서였다. 다른 두 명은 전후 석방되었다. 그중 한 사람은 사라예보 박물관의 학예사가 되었고 다른 한 사람은 베오그라드에서 대학 교수가 되었다. 도주했던 사람은 나중에 사라예보로 돌아와 채소농장을 운영했다. 대공 부부는 제국장으로 장례를 치르지 못하고 개인 영지에 안장되었다. 다른 희생자들도 있었다. 1917년 파시치가 세르비아군과 테살로니키에 있던 아피스에게 반역죄를 뒤집어씌웠다. 아피스는 자신이 사라예보 암살을 최초로 기획했다고 주장해 동료들을 구하려고 했으나, 자신은 물론 동료들도 누명을 벗지 못했다. 그들은 모두 날조된 혐의에 따라 총살되었다.

여기까지가 제1차 세계대전에 불씨를 댕긴 사라예보 암살사건이다. 대공이 미리 계획된 일정을 변경하지만 않았다면 전쟁이 촉발되지 않았을 것이라는 점은 매우 아이러니하다. 앞

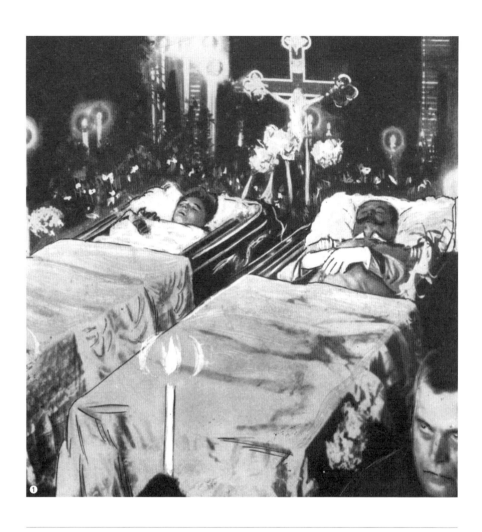

사라예보에서 맞선 이들의 최후

❶ 제국장 없이 개인 영지에 안장되기 전 안치된 프란츠 페르디난트 부부의 시신
❷ 연행되는 프린치프, 제1차 세계대전의 첫 번째 총탄을 쏘았다.
❸ 법정에 출두한 프린치프와 동료들

성년이 된 공모자들은 모두 총살되었고 차브리노비치와 프린치프는 전쟁 중 감옥에서 죽었다.

으로는 미리 계획된 시간표에서 빗나가는 일은 더 이상 없을 것
이었다.

제 3 장

오스트리아-헝가리의 결정이

내려지다

황제에 대한 충성을 표하는 오스트리아 장교들

황위 승계자가 암살을 당했을 경우 제국은 무엇인가를 해야 한다. 유럽 사람들에게 이 점은 명백했다. 합스부르크가는 오랫동안 위신을 잃어 왔다. 이제 자신들의 존재감을 보여줄 기막히게 좋은 기회가 왔다. 세르비아인들을 제외한 제국의 모든 민족이 열렬히 제국에 대한 충성심을 드러냈다. 헝가리인들은 프란츠 페르디난트의 죽음을 애석해할 이유가 전혀 없었지만 다른 어느 민족 못지않게 열렬한 충성심을 나타냈다. 유럽의 군주들은 자신들 가운데 한 사람이 살해되었다는 데 분노했다. 오스트리아-헝가리가 강경한 노선을 따르더라도 모두의 승인을 얻을 수 있을 것이었다. 그렇지만 어떤 강경한 노선이어야 할까? 공모자들에 대한 재판, 심지어 세르비아계 보스니아인들에 대한 보복으로도 충분치 않았다. 세르비아 자체를 상대로 무엇인가 행동이 취해져야 했다.

오스트리아 관리들은 암살사건에 세르비아가 연루되었다는 증거를 찾으려 했지만 아무것도 찾지 못했다. 그들은 "검은 손"으로 수사 확대를 하지 않았는데, 어쨌거나 프린치프와 "검은 손"의 연결고리는 빈약했다. 오스트리아가 "검은 손"에 주의를 기울이지 않은 것은 흥미로운 일이다. 1908년 오스트리아 정보 당국이 실수를 했다. 베오그라드 주재 공사 포르가츠[68]가 자그레

---

68 Forgách, János 1870~1935 헝가리 출신의 오스트리아-헝가리제국 외교관.

브에서 세르비아-크로아티아 지도자들이 저질렀다는 반역 행동의 증거를 획득했다. 증거는 날조된 것으로 판명되었다. 일부는 포르가츠 자신의 집 지하실에서 만들어졌다. 이후로 오스트리아인들은 자신들의 기관이 아니라 독일 정보기관에 의존했고, 독일인들은 정보의 상당 부분을, 정보 당국이 좋아하는 방식이었는데, 다른 누구도 아닌 아피스로부터 얻었다. 당연히 아피스는 "검은 손"에 대해 언급하지 않았다.

증거를 찾고 못 찾고는 여하간 부차적이었다. 합스부르크가의 생각에 세르비아의 실제 죄는 존재 그 자체였다. 세르비아는 공모자들을 모을 필요가 없었다. 단지 민족주의 원칙을 내세움으로써 오스트리아-헝가리 내의 세르비아인들과 크로아티아인들을 동요케 했다. 세르비아가 존재하기를 멈추는 것 외에 다른 해결책은 없었지만 그도 불가능한 일이었다. 좀 더 야만적인 시대에 일어났을 법한 혹은 나중에 히틀러가 시도했을 인종청소를 세르비아인들에 행할 수 없었다. 세르비아를 오스트리아-헝가리에 병합하는 것도 마찬가지로 불가능했다. 다른 나라들이 허락해준다 하더라도 말이다. 세르비아 합병으로 프란츠 요제프 황제에게 짜증나는 일이 늘어나기만 할 것이었다. 세르비아에 굴욕을 주는 것이 유일한 해결책이었다. 합스부르크가가 힘을 보인다면 일시적으로라도 권위를 되찾을 것이었다.

이론상으로 결정권은 프란츠 요제프 황제에게 있었다. 그가 헌법상 통치권을 황가에서 승계하도록 해놓았기에 대외 정책의 권한을 갖고 있었다. 오스트리아-헝가리 정부는 없었다. 때때로 프란츠 요제프 황제가 공동 정부 각료 및 다른 고위 인사들의 회의를 열었지만 자문에만 응했지 권한은 없었다. 실제로는 프란츠 요제프 황제가 외상에게 대외 업무를 맡겼다. 1914년에는 베르히톨트 백작[69]이었다. 그는 보헤미아의 부유한 귀족으로 격식을 갖춘 태도와 명민해 보이는 외모를 가졌으나 아이디어와 결단력이 부족했다. 베르히톨트는 포르가츠의 의견을 구했다. 포르가츠는 이제 외무성에서 발칸 문제를 다루고 있었다. 포르가츠는 당연히 자신을 기만하고 굴욕을 준 세르비아에 대한 강경한 행동을 지지했다. 베르히톨트는 다음으로 참모총장 콘라트에게 의견을 물었다. 콘라트 역시, 그가 모든 경우에 그랬듯이, 전쟁을 주장했다. 그러나 베르히톨트가 낙담하게도 콘라트는 평시 병력이 세르비아를 상대하기에 충분히 강하다 할지라도 이동할 수 없다고 말했다. 병력을 이동하면 동원 계획에 차질이 생겨 실행이 불가능해질 것이었다. 러시아가 위협을 하거나 심지어 세르비아가 강하게 저항할 경우에도 오스트리아-헝가리는 속수

---

69 Berchtold, Leopold, Graf von 1863~1942 오스트리아-헝가리의 외교관. 1906년부터 주러시아대사를 맡았고 1912년 2월에 외상이 되었다. 1914년 외상으로서 세르비아에 최후통첩을 내려 제1차 세계대전으로 가는 길에 역할을 했고 1915년 1월에 물러났다.

티사, 헝가리 왕국에서 가장 강성인 인물이었다.

무책이 될 것이었다. 동원 시간표를 따른다면 전면 동원을 하든지 동원을 하지 않든지 둘 중 하나여야만 했다. 마지막으로 베르히톨트는 헝가리 수상이자 오스트리아-헝가리에서 가장 강성인 인물인 티사[70]의 의견을 구했다. 티사는 세르비아인들을 싫어했지만 두려워하지는 않았다. 그는 세르비아에 대한 성공적인 조치로 합스부르크가의 위신이 회복될 것을 훨씬 더 두려워했다. 헝가리에 불리한 일이었다. 그는 오로지 독일이 승인할 때만 행동을 취해야 한다고 주장했다.

이 견해가 베르히톨트의 마음에 들었다. 그는 오스트리아-헝가리가 허약하다는 비난을 받아야만 하겠느냐고 동맹국 독일에 항변할 수 있을 것이었다. 동시에 그는 결정을 내려야 하는 책임을 누군가 다른 이에게 떠넘길 수 있을 것이었다. 그는 세르비아가 "발칸 반도에 작용하는 힘의 요소로 더 이상 존재하지 말아야 한다"라고 적은 각서를 작성해 특사를 통해 베를린에 전달했다. 독일에도 제국 정부란 없었다. 오직 황제 빌헬름 2세[71]와 그가 의견을 듣기 위해 선택한 각료들이었다. 빌헬름 2세는 포츠담에 있었다. 오스트리아 대사가 7월 5일 오찬을 위해 찾아왔다. 빌헬름 2세는 머뭇거리지 않았다. 그는 대공이 살해된 데 매우 격앙되어 있었다. 대공은 많지 않은 황족 친구였다. 빌헬름 2세는

---

70 Tisza, István 1861~1918 헝가리의 정치가. 1886년 의회에 진출해 1903년부터 1905년까지 수상을 지냈고 1913년 다시 수상이 되어 1917년까지 제1차 세계대전을 치렀다. 독일과의 동맹을 지지했다.

71 Wilhelm II 1859~1941 독일의 황제(1888~1918). 즉위하자마자 비스마르크를 해임하고 전제정치와 팽창정책을 실행했다. 제1차 세계대전 중 명목상 최고사령관이었지만 1916년 이후 힌덴부르크와 루덴도르프에게 실질적으로 군권을 빼앗겼고, 1918년 혁명으로 퇴위해 네덜란드로 망명했다.

처음에는 모든 일에 격하게 반응했다. 나중까지 그러지는 않았지만 말이다. 그는 오스트리아-헝가리가 세르비아에 맞서 행동해야 한다는 데 즉시 동의했다. 그는 또한 러시아가 개입하려 한다면 독일이 오스트리아-헝가리 편에 서겠다고 약속했다. 훗날에는 이렇게 말했다는 것이 굉장히 놀라운 일로 보였지만 당시 상황에서는 당연하고 불가피하게 보였다. 어떤 군주도, 특히 독일 황제라면 오스트리아인들에게 대공이 살해된 일을 그냥 넘기라고 말할 수 없었을 것이다. 이 시점에 어떤 독일 정치가도, 특히 독일 황제라면 오스트리아-헝가리가 러시아의 수중에 넘어가도록 내버려둘 수 없었을 것이다. 독일 외교관들은 이전 몇 해 동안 오스트리아-헝가리가 두려움에 싸여 있고 우유부단하다고 불평해왔다. 이제 단 한 번 오스트리아인들이 단호해지려 하고 있었고 독일은 격려하는 것 말고 아무것도 할 수 없었다.

베트만-홀베크가 황제를 지지하다

오후가 되면서 빌헬름 2세는 좀 더 분별 있는 모습을 보였다. 마침 만날 수 있었던 장군들에게 의견을 구하고 지금이 오스트리아-헝가리를 지원하기에 적절한 순간인지 물었다. 빌헬름 2세가 만날 수 있었던 장군들은 주로 궁정 관리들이었다. 그들은 좀 더 제대로 일하는 군 당국으로부터 예방전쟁에 관한 논의를 주워들었다. 그들은 지금이 전쟁을 할 만한 때이자 심지어 바람직한 때라는 데 의견을 같이했다. 빌헬름 2세는 또한 자신의 재상 베트만-홀베크[72]가 승인하지 않으면 결정을 내릴 수 없다고 말했다. 매우 감탄스럽게도 헌법 원칙을 존중했다. 오후에 베트만-홀베크가 포츠담에 도착했다. 그는 인품에서 그리고 아마도 지적인 면에서 그 시대 다른 대부분의 정치가들보다 나았다. 베르히톨트가 경마장에 가고 그레이가 사냥을 나갈 때 그는 베토벤을 연주했다. 그의 진지한 외모에는 책임감이 매우 강하게 묻어났다. 과거에 위급한 일이 있을 때 그는 때로는 빌헬름 2세를 억제하기도 했고, 종종 거친 독일 정책을 조금이라도 세련되게 만들려고 노력했다. 다른 한편으로 그는 독일의 힘이 이제 곧 하락하게 되리라는 생각을 받아들였다. 예방전쟁을 이야기하던 장군들처럼 베트만-홀베크는 "지금 하지 않으면 영영 못 하게 된다"고 생각했다. 정치가들 특유의 질병처럼 보이는데, 매우 부강한 자신들의 나라가 곧 망하기 직전이라고 여기게 된다. 베트만-홀베크는 이 병이 특히 심했다.

　　베트만-홀베크는 포츠담으로 향하기 전 오스트리아-헝

---

72 Bethmann-Hollweg, Theobald von 1856~1921 독일의 정치가. 제국 내각의 내상 등을 거쳐 1909년 베른하르트 폰 뷜로(Bülow, Bernhard von)의 뒤를 이어 독일 제국의 재상이 되어 내정 개혁을 추진하고 영국과의 화해를 도모했으나 실패하고 제1차 세계대전을 맞았다. 1917년에 군부의 압력으로 실각했다.

가리의 정책과 그에 대한 독일의 입장 문제가 불거지리라는 것을 알고 있었다. 하지만 그는 이 문제에 답변할 준비를 하지 않았다. 외상 야고[73]는 휴가 중이었는데 베트만-홀베크는 외무성의 다른 누구에게도 의견을 묻지 않았다. 일반참모부에도 묻지 않았다. 그가 한 번도 한 적이 없는 일이다. 하지만 정보가 부족하다고 해서 주저하지 않았다. 빌헬름 2세가 오스트리아인들에게 보낼 답의 요점을 말하자 베트만-홀베크는 동의했다. 소심했기 때문이거나 황제의 뜻을 무조건 따랐기 때문은 아니었다. 오히려 베트만-홀베크는 자신이 얼마나 강력하게 주군의 견해에 동의하는지 나타내려고 몇 가지 새로운 주장을 펼쳤다. 베트만-홀베크 역시 자신이 무엇을 하고 있는지 잘 알지 못했다. 그에게는 오스트리아-헝가리를 지원해야 한다는 것이 명백해 보였고 러시아가 실효성 있는 항의를 하지 않으리라는 것 또한 마찬가지로 명백해 보였다. 독일 외교관들은 러시아가 마지막 순간에 물러나리라 으레 확신하게 되었고, 베트만-홀베크는 러시아의 결의 또는 러시아의 군비 상황이 바뀌었을 수 있음을 알 방법이 없었다. 그는 무작정 아무 근거 없이 추측했다. 그래서 결국 경쟁적으로 상대방에게 "할 테면 하라고 부추기는 일"이 벌어졌다. 미국 사람들이 치킨게임이라 부르는 것이다. 먼저 오스트리아인들

---

73 Jagow, Gottlieb von 1863~1935 독일의 외교관. 1895년 외교관 생활을 시작했고 베른하르트 폰 뷜로의 비호를 받아 주이탈리아 대사(1909~1913)를 거쳐 외상(1913~1916)으로 일했다. 제1차 세계대전 직전의 위기 때는 오스트리아-헝가리와 세르비아 분쟁의 국지화가 가능하다고 믿었고 대전 중에는 타협을 통한 온건한 강화를 주장했다.

이 전쟁을 외쳐 자신들이 얼마나 용감한지 보여주며 자신들을 말릴 수 있으면 말리라고 독일인들에게 공을 넘겼다. 이제 독일인들은 오스트리아인들을 부추겨 자신들이 얼마나 용감한지 보여주며 오스트리아인들에게 물러나고 싶으면 물러나라고 했다. 빈은 베를린에 감명을 주기를 원했고, 베를린은 빈에 감명을 주기를 원했다. 두 나라의 수도 어느 곳에서도 전면전의 가능성을 심각하게 따져보는 사람이 없었다.

포츠담에서 중대 논의를 가진 후, 빌헬름 2세는 휴가를 떠났고 대부분의 장군들도 떠나갔다. 기만하려는 행동이 아니었다. 빌헬름 2세와 나머지 인사들은 휴가를 두어 번 다녀오는 사이에 전쟁이 어떻게든 되겠지 생각했다. 그들은 전쟁을 이야기했지만 전쟁을 상상조차 할 수 없었다. 그들이 유일하게 경험한 군사적 행동은 기동연습이었다. 저녁 먹을 때가 되면 쉽게 멈출 수 있는 일이다. 빌헬름 2세와 베트만-홀베크는 오스트리아-헝가리에 해주었던 그 엄청난 약속을 금세 잊었다. 아니면 거의 잊었다. 만일 그들이 이 약속을 기억한다면, 오스트리아인들이 굳게 결심한 것을 지킨 적이 오랫동안 없었다는 사실을 생각해 위안으로 삼았을 것이다. 그러니 독일 정책을 책임지는 이 두 사람은 베르히톨트에게 백지수표를 주며 큰 금액을 적으라고 말했지만 그가 결코 수표를 내밀지 않을 것이라 확신한 셈이었다.

　　　그들의 생각은 거의 적중했다. 베르히톨트는 누군가가 자신을 말려줄 것을 아는 한에서만 힘차게 전쟁을 부르짖었다. 그는 전쟁을 가로막는 장애물이 사라져가자 점점 더 주저했다. 독일의 격려가 빈에 전해지자 티사마저도 주저했다. 독일의 통치자들이 오스트리아-헝가리가 전쟁을 해야만 한다고 생각한다면 그때는 어쩌면 위험을 감수할 수 있을 것이었다. 거의 한 주일이 다 가도록 티사는 전쟁이 필요하다는 주장에 반박했다. 끝내 그가 굴복했는데, 독일의 기대에 부응할 필요가 있었기 때문이다. 하지만 그는 조건을 내세웠다. 아무리 큰 군사적 승리를 거두더라도 오스트리아-헝가리가 세르비아 영토를 획득해서는 안 된다는 것이었다. 베르히톨트는 그 조건으로 자신의 정책이 무의미해짐에도 불구하고 동의했다. 만약 세르비아가 분할이 아니라 단지 괴롭힘을 당하는 정도라면 전쟁에는 목적이 없는 것이기 때문이었다. 이때쯤 되어 베르히톨트의 전쟁에 대한 열의가 없어졌고 발하우스플라츠에 있는 외무성 관리들도 베르히톨트와 함께 주저하게 되었다. 그들 중 한 명이 나중에 적었던 대로 그들은 "치러야 할 작전을 앞두었지만 빠져나갈 수 있다고 어느 정도 믿으며 그러길 바라는 사람들" 같았다. 베르히톨트가 티사에

프란츠 요제프 황제와 그의 심복

게 전쟁을 종용하던 때는 잊혀갔다. 이제 베르히톨트는 전쟁이 연기되어야만 하는 이유를 찾고 있었다.

오스트리아-헝가리가 기다리며 염려하다

오스트리아-헝가리가 분노에 못 이겨 세르비아를 즉각 공격했다면 유럽의 나라들이 묵인했을는지 모른다. 이 방법에 대한 모든 생각은 진즉에 버려졌다. 오스트리아 외교관들은 아주 관료적인 방식으로 자신들의 편견을 정당화할 수 있기를 바랐고 세르비아 정부가 연루되었다는 증거를 찾아내려고 애썼다. 법조 관리 한 명이 베오그라드로 파견되었는데, 그는 며칠 후 세르비아 정부가 관련되었다는 증거가 없다고 올바로 보고했다. 증거가 없는 것은 약간 거북하기는 했지만 상관없었다. 오스트리아인들은 대공의 암살사건과 거리가 먼 이유들로 세르비아에 대해 어떻게든 행동하기로 결심했다. 진짜 문제는 최후통첩 문안을 작성할 때 나타났다. 그들은 어떤 유리한 점이 생길 조건들을 생각해내야 했다. 세르비아가 그 조건들을 거부하게 하는 것이 진짜 목적이었는데 말이다. 7월 14일이 되어 각서가 준비되었다. 각료들이 이를 논의하기 위해 밤중에 비밀리에 베르히톨

전쟁은 발발했을 때조차도 화려한 색과 화려한 제복으로 표현되었다.

❶ 화려한 문양을 넣어 인쇄한 러시아 군수 회사 채권
❷ 제복을 멋지게 차려입은 프란츠 요제프와 빌헬름 2세
❸ 멋진 모습으로 그려진 오스트리아군 보병

트의 사저에 모였다. 분명 그들은 아무 일도 없다는 인상을 주고 싶어 했다. 베르히톨트 자신은 이제 아무 일도 일어나지 않기를 바라고 있었다. 세르비아가 오스트리아-헝가리의 요구를 받아들이지 않더라도 오스트리아-헝가리군의 동원이 실행되는 상황에 부딪히면 그리할 것이 당연했다. 베르히톨트가 되돌아간 가장 이상적인 계획이었다. 콘라트는 그에게 불가능하다고 말했지만 말이다.

행동이 지연되는 새로운 구실이 생겼다. 프랑스의 푸앵카레 대통령이 수상과 외상을 겸직한 비비아니를 대동하고 상트페테르부르크를 방문할 참이었다. 러시아와 프랑스의 정치가들이 마주 앉아 오스트리아-헝가리의 각서에 대해 논의하는 것은 있어서는 안 될 일이었다. 따라서 각서를 제시하는 것은 푸앵카레와 비비아니가 상트페테르부르크를 떠나 본국으로 향할 때까지 연기되었다. 이렇게 해서 거의 한 달이 지나갔다. 대공이 살해되었다. 오스트리아-헝가리는 아무런 행동도, 심지어 외교적 행동도 취하지 않았다. 유럽 다른 나라들의 수도에서 이 문제가 아주 잊힌 것은 아니었지만 긴박감이 없어졌다. 대부분의 사람들은 오스트리아인들이 늘 그다지 효과적으로 하지 못하듯 이번에도 대단한 행동을 취하지 않으리라 생각했다.

곧 불어올 폭풍에 주의를 기울이지 않는 오스트리아의 고관들

다른 나라들은 오스트리아-헝가리가 무엇인가를 할 때까지 어떤 정책을 따를지 결정할 수 없었으나 러시아인들은 어쨌든 생각을 좀 했다. 러시아 외상 사조노프[74]는 온화하고 어리벙벙한 인물로 그다지 명민하지 못했으며 낭만적 슬라브주의를 향한 자신의 임무에 충실했다. 그는 두 차례의 발칸 전쟁 때 놀라우리만큼 신중했으며 이때도 마찬가지로 발칸 반도는 발칸 민족들에게 맡겨야 한다고 주장했다. 범슬라브주의자들이 한때 발칸 반도까지 러시아의 세력이 뻗어나가는 것을 꿈꾸었을 수도 있다. 러시아가 지금 염려하는 것은 러시아의 세계를 향한 출구인 보스포루스-다르다넬스 해협이 유럽 어느 강대국의 손에 들어가서도 안 된다는 점이었다. 두 해협을 통해 러시아산 밀이 팔려나가 러시아가 빚을 갚을 수 있고 중화학공업을 위한 철강과 기계가 들어올 수 있었다. 해협의 안보를 확보하지 못한다면 러시아는 거의 강대국으로 존재할 수 없을 것이었다. 러시아인들은 독일이 터키에서 영향력을 강화하고 있다고 우려했는데 정확했다. 그들은 또한 이러한 독일의 영향력으로 인해 자신들의 해협 이용이 막힐 것이라 염려했다. 이는 근거가 좀 빈약했다.

러시아인들은 오스트리아-헝가리가 세르비아를 장악하리라 내다보았기에 불안에 빠졌다. 러시아인들은 이렇게 되면

74 Sazonov, Sergey Dmitriyevich 1860~1927 러시아의 외교관, 정치가. 1883년 외무성에 들어가 런던, 워싱턴, 바티칸 등지에서 근무했으며 1910년 이즈볼스키(Aleksandr, Count Izvolsky)의 뒤를 이어 외상이 되어 제1차 세계대전을 맞았고 1916년까지 자리에 있었다.

독일이 그만큼 콘스탄티노플에 가까워지리라 생각했다. 잘못된
생각이었다. 터키로 가는 독일의 무역 경로는 함부르크나 로테
르담에서 출발하는 해상로였고, 발칸 반도는 독일에 아무 의미
가 없었다. 심지어 오스트리아-헝가리가 발칸 반도에 갖는 관심
도 테살로니키까지 연결된 철로를 제외하면 주로 정치적인 것이
었다. 그러나 만약 제1차 세계대전 중 처칠[75] 같은 연합국 정치가
들이 콘스탄티노플과 발칸 반도를 독일로 들어갈 수 있는 뒷문
으로 상상할 수 있었다면, 그보다 전에 러시아인들이 이 뒷문을
반대로 독일이 러시아를 공격하는 데 이용할 수 있다고 생각한
것은 용서받을 만할 것이다. 사조노프의 머릿속에는 좀 더 단순
한 동기가 작동하고 있었다. 러시아는 더 이상 전제 국가가 아니
었다. 이제 자유주의 정치인들이 중요했고, 그들은 슬라브의 대
의를 지키기 위해 아무것도 하지 않는다면 분노할 것이었다.

　　프랑스 정치가들은 좀 더 거리를 두고 상황을 대하고 있
었다. 전 유럽에 걸친 전쟁이 일어날지 모른다는 생각은 가장 나
중의 걱정거리였다. 프랑스인들은 러시아가 페르시아를 놓고 영
국과 다투고 그리하여 삼국협상을 탈퇴해 독일 편에 서게 될 것
을 훨씬 더 염려했다. 따라서 그들은 러시아와의 동맹에 대한 자
신들의 성실성을 강조했다. 빌헬름 2세와 베트만-홀베크가 오스

75　Churchill, Winston S. 1874~1965 영국의 정치
가. 보수당 의원으로 정계에 입문했으나 당의 보호관
세정책에 반대해 자유당으로 당적을 옮겨 1911년 이
후 해군상, 군수상, 전쟁상 등을 지내다가 보수당에 복
귀해 볼드윈 내각에서 재무상을 지냈다. 1929년부터
10년간 주류의 인도 자치론과 유화정책에 반대해 입
각하지 않았고, 1939년에 해군상으로 내각에 복귀해
1940년부터 수상 겸 국방상이 되어 전시 내각을 이끌
었다. 이후 루스벨트, 스탈린과 더불어 제2차 세계대
전을 승리로 이끌었다. 1945년 선거 패배 후에도 당수
로 남아 있다가 1951~1955년까지 다시 수상으로 일
했다.

트리아-독일 동맹에 대한 성실성을 강조한 것과 같았다. 적어도 푸앵카레는 그렇게 생각했다. 정상적 상황이라면 프랑스 대통령은 대외 정책에 거의 관여하지 않았다. 하지만 상황이 정상적이지 않았다. 비비아니는 외상을 겸하기는 했지만 급진주의-사회주의 연합이 임시방편으로 내세운 수상일 뿐이었다. 실세 지도자 카이요가 그의 부인이 파리의 신문 편집장에게 총을 쏘아 살해한 일로 일시적으로 물러나 있던 상황이었다. 비비아니는 대외 문제에 관해 아는 것이 없었고 이를 푸앵카레에게 넘겼다. 그런데 러시아와 프랑스의 정치가들이 세르비아 문제를 논의했다는 증거는 없다. 세르비아 문제는 프랑스인들이 러시아인들에게 가져온 논의 주제 가운데 열네 번째였고 거기까지 논의가 이루어지지 못했다. 물론 푸앵카레는 프랑스-러시아 동맹의 위업에 대해 이야기했고 러시아인들에게 일반적인 격려를 해주었다. 그러나 그의 진짜 관심사는 러시아가 영국과 우호적인 관계를 유지하게 하는 것이었다.

"빌어먹을 세르비아"

영국인들은 가장 적게 관여하고 있었다. 대공 살해 사건

❶ 멋지게 차려입은 베르히톨트가 그보다는 수수한 차림의 베트만-홀베크에게 인사하다.

❷ 자신감이 없는 동맹국들, 사조노프와 푸앵카레

이 전쟁을 불러올까 두려워했던 소수의 사람들조차도 영국이 참
전하리라 내다보지 않았다. 영국에서 세르비아에 대한 여론이
나빴다. "유럽 구성원 가운데 가장 가치가 없는 나라"라는 것이
일반적 평가였다.『맨체스터 가디언^{Manchester Guardian}』지는 세르비
아가 바다로 끌어내져 침몰되기를 바랐다. 선동 정치가 호레이
쇼 바텀리[76]는 자신이 소유한 신문에 "빌어먹을 세르비아"라는
헤드라인으로 기사를 내보냈다. 외상 에드워드 그레이는 같은
입장을 취했는데, 좀 더 품위 있게 표현했다. 그의 생각에는 평화
가 정의보다 중요하며 평화가 유지되기 위해서 약한 국가가 아
무리 굴욕적일지라도 물러나야 했다. 이는 1923년에 그리스, 그
리고 1938년에 체코슬로바키아와 관련해 반복된 영국의 시각
이었다. 물론 그레이는 어떠한 무력 행동에 대해서도 반대한다
고 경고했다. 그는 중재에 관해 모호하게 말했는데, 누구와 누구
사이의 중재인가? 세르비아와 오스트리아-헝가리 사이의 중재
라면 오스트리아인들은 어떠한 외부의 개입도 거부했을 것이고,
종종 약소국의 버릇을 가르치던 강대국의 외상인 그레이는 오
스트리아인들에 동의하고 싶을 것이었다. 만약 그레이가 제안한
것이 오스트리아-헝가리와 러시아 사이의 중재라면 오스트리아
인들은, 마찬가지로 설득력 있게, 러시아인들이 참여하지 않는다

---

76 Bottomley, Horatio 1860~1933 영국의 언론인,
정치인.『파이낸셜 타임즈(Financial Times)』를 비롯해 여
러 종류의 신문과 잡지를 발간했다. 하원에도 진출했
고, 제1차 세계대전 때는 많은 대중 집회에서 연설하
고 모금했다.

고 대답할 수 있을 것이었다. 오스트리아-헝가리가 어떤 식으로 행동할 때까지 러시아인들은 대응할 수 없을 것이었고, 오스트리아인들이 어떻게 행동할지 생각하는 데 한 달이 걸렸으니 러시아인들이 대응하는 데도 한 달을 소요하리라 생각하기가 당연히 쉬웠다.

　　기이한 위기였다. 모두가 무슨 일이든 터지기를 기다리고 있었다. 그 가운데 세르비아 정부가 가장 마음을 졸이며 기다렸다. 그들은 매우 곤란한 상황에 처해 있었다. 발칸 전쟁으로 군이 소진되었고, 어떤 일이 일어나든 자신들이 이기지 못하리라는 것을 알고 있었다. 그들은 또한 신뢰할 만한 조언자가 없었다. 여러 해 동안 베오그라드 주재 러시아 공사 하르트비크에 의지해 왔으나, 그는 7월 10일 묘한 상황에서 숨졌다. 한때 과격파 범슬라브주의자였던 하르트비크는 이제 온건해져 있었다. 그는 "검은 손"같이 위험한 민족주의 단체에 대한 공동 대응을 제안하기 위해 오스트리아-헝가리 공사를 방문했다. 흥분이 지나쳤을까, 하르트비크는 제안을 하는 도중에 쓰러져 사망했다. 확실히 전쟁을 막을 수 있었을 제안이었다. 이후로 사실상 러시아를 대표하는 이가 없었다. 러시아 정부는 정보를 전혀 얻지 못했으며, 세르비아 정부는 조언을 거의 얻지 못했다.

차르 궁정의 화려함과 거리가 먼 삶을 살았던 러시아 노동자들

7월 23일 푸앵카레 대통령이 상트페테르부르크 공식 방문을 마쳤다. 오스트리아인들은 푸앵카레를 태우고 귀환하는 순양함이 출항하는 정확한 때를 확인했다. 한 시간 뒤 베오그라드 주재 공사 기슬[77]이 오스트리아-헝가리 정부의 최후통첩을 전달했다. 시한이 촉박했다. 세르비아인들에게는 답할 수 있는 시간이 48시간 주어졌다. 48시간 후면 7월 25일 오후 6시로 토요일 저녁이 될 것이고, 오스트리아인들은 일요일 아침에 동원을 개시하기를 원했다. 세르비아 정부는 민족주의 단체들과 관계를 끊고 세르비아 영토 내에 있는 종범들을 기소하라는 요구를 받았다. 이를 위해 오스트리아 관리들과 협력해야 했다. 조건은 모두 열 가지였는데 오스트리아 관리들과의 협력이 가장 중요한 것으로 보였다. 만약 이에 동의한다면 세르비아 정부는 자신들이 무능력해 살인범들을 제어하지 못했다고 자인하는 셈이었다. 그렇더라도, 동의하는 것으로 거의 결정이 되었다.

수상 파시치는 오스트리아의 최후통첩이 전달되었을 때 선거 유세를 떠나 있었다. 아무래도 어느 방향으로든 결정을 내려야 할 책임을 회피할 수 있길 바라는 듯했다. 베오그라드로 귀환하도록 소집 명령을 받았을 때는 그리스로 휴가를 떠나려던 참이라 섭정 왕자의 소환 전보를 받기 위해 기차에서 내려야 했

---

77 Giesl von Gieslingen, Wladimir Freiherr 1860~1936 오스트리아-헝가리의 군인, 외교관. 사관학교 졸업 후 일반참모부 등에서 복무하다가 콘스탄티노플, 아테네, 소피아 등지에서 대사관 무관으로 일했다. 1913년 베오그라드 주재 공사가 되어 제1차 세계대전을 맞았다.

다. 그가 베오그라드로 돌아왔을 때 각료들은 오스트리아의 요구를 거의 조건 없이 수용하기로 결정을 내려놓았다. 약간의 문구 수정이 있었는데 세르비아 정부의 무고함을 내비치기 위해서였다. 그렇더라도 오스트리아인들이 자신들이 요구한 조건이 충족되지 못했다고 주장하는 것은 거의 불가능했을 것이었다. 그들은 전쟁 대신에 허세를 부리는 것으로 대신했을 것이었다. 그러한 요구 조건을 수용하는 것은 세르비아에게 굴욕적일 것이었다. 당분간은 민족주의적 열망이 움츠러들 것이었다. 하지만 세르비아는 살아남아 훗날 남슬라브족의 대의를 다시 내세울 수 있을 것이었다.

마지막 순간에 세르비아 각료들은 마음을 바꿨다. 오스트리아가 제시한 요구에 일부 이의를 제기하고 오스트리아 관리들에게 협력하기를 완전히 거부하기로 결정했다. 무슨 연유에서 입장이 뒤바뀌었는지는 밝혀지지 않았다. 파시치가 오스트리아 관리들이 "검은 손"에 대해 알아내게 될 것을 두려워했을 수 있다. 사라예보 수사 당국이 이미 탄코시치를 찾아냈고 어쩌면 파시치 자신이 "검은 손"으로부터 협박을 받았을 수도 있다. 좀 더 널리 받아들여지는 가설은 상트페테르부르크로부터 단호한 태도를 취하도록 촉구하는 메시지가 있었다는 것이다. 문서 기록으로는 이를 밝힐 수 없다. 그러나 말보다 더 중요한 러시아의 행동, 혹은 행동을 위한 사전 준비가 있었다.

러시아가 개입하다

7월 24일 오스트리아-헝가리의 최후통첩이 전달되었다는 소식이 처음으로 전해지자 사조노프는 차르와 각료회의에 러시아가 전적으로 물러나 있을 수는 없다고 강조했다. 러시아는 관여하고 있음을 보여야 할 것이었다. 하지만 어떻게? 빈에 즉각 항의하는 것은 오스트리아-헝가리를 너무 자극하는 행동이 될 것이었다. 특히 세르비아가 오스트리아의 요구를 거부할지 알려지지 않았을 때 그럴 것이었다. 베오그라드에 지원 약속을 해주는 것은 러시아의 발을 지나치게 묶어놓게 될 것이었다. 하지만 오스트리아-헝가리에 인접한 군관구에 동원을 하는 것이라면? 이는 러시아가 잠자고 있지 않음을 보여줄 것이었다. 동시에 독일에 대해 러시아가 전쟁할 의도가 전혀 없음을 확신시키는 일이 될 것이었다. 사조노프의 동료들은 이러한 생각에 기뻐했다. 바로 자신들이 원하는 것을 제안한 것처럼 보였다. 확고한 약속을 주거나 전면전의 위험을 불러오지 않으면서 세르비아를 지원

열심히 일하는 니콜라이 2세와 각료회의 모습

한다는 제스처를 보이는 것이었다. 사조노프는 참모총장이나 군을 대표하는 다른 어떤 이의 의견을 구하지 않았다. 만약 그랬다면 그러한 부분 동원 계획은 실행 가능하지 않음을 알았을 것이었다. 부분 동원 계획은 전면 동원 계획과 모순되어 전면 동원을 불가능하게 만들 것이었다. 부분 동원을 시도해볼 수 있는 때는 독일이 단호하게 중립을 선언할 때뿐일 텐데 그런 일은 일어날 것 같지 않았다. 그러나 참모총장은 오랫동안 자리를 비웠고 감히 외상에 맞서 논쟁을 벌이려 하지 않았다. 사조노프는 계속해서 자신에게 쓰고 싶을 때 쓸 안전한 무기가 있다고 생각했다.

러시아 정부는 당장은 기술 담당관들을 소환하는 등의 예비 조치만 취하는 데 만족했다. 그달 말까지 거의 백만 명을 참여시키는 일이었지만 겉보기에는 공격적이지 않았다. 세르비아인들은 사조노프가 지닌 그 이상의 의도를 알아차린 듯했다. 세르비아가 자기편 없이 완전히 홀로 있지는 않으리라 보장하는 것이었다. 이러한 기대에 흥분한 세르비아인들은 더욱 단호한 행동을 하게 되었다. 자신들의 기백을 보여주지 않는다면 러시아가 세르비아에 주던 총애를 다른 발칸 국가에 줄지도 모를 일이었다. 세르비아 각료들은 전쟁을 피할 수 있기를 여전히 간절하게 바랐지만 벼랑 끝으로 점점 다가가고 있었다. 그들의 목표는 오스트리아-헝가리와의 분쟁을 지속해 이후의 외교적 다툼에서 러시아의 위신이 드러나는 것이었다. 7월 25일 토요일 내내 세르비아 각료들은 오스트리아-헝가리의 요구에 대한 답을 작성했다. 수정한 문구는 어떤 곳은 화해의 태도가 보였고 어떤 곳은 무례했다. 오스트리아 관리들의 세르비아인 수사 참여를 거부하는 것이 결렬의 구실을 주는 유일한 사항이었다.

세르비아 각료들은 또한 군대를 동원하고 정부를 오스트리아-헝가리와의 국경에서 더 멀리 떨어진 니시로 옮기기로 결정했다. 파시치는 시한을 5분 남겨두고 오후 5시 55분에 오스트리아-헝가리 공사관에 답을 직접 전달했다. 그러고 나서 그는 니시행 열차를 탔다. 이번에도 가까스로 시간에 맞췄다. 기슬은 세르비아의 각서를 얼른 훑어보고 조건 없는 수용이 아님을 발견하고는 곧장 자신이 준비해놓은 각서로 회신했다. 자신이 베오그라드를 떠날 것이며 오스트리아-헝가리와 세르비아의 외교관계가 단절되었음을 선언하는 것이었다. 그는 오후 6시 30분 베오그라드발 열차 시간을 잘 맞췄고 10분 후 헝가리 영토에 들어섰다. 기슬은 티사에게 전화를 걸었다. 티사는 "그렇게 되어야만 했소?"라고 물었으며 기슬은 "예"라고 대답했다. 그가 전한 소식은 전신으로 빈에 보내졌다. 프란츠 요제프 황제는 이슐에서 휴가를 보내고 있었다. 거기에 베르히톨트도 와 있었다. 기슬이 보낸 소식이 그들에게도 전해져 있었다. 프란츠 요제프 황제가 소식을 들었을 때 그는 "Also doch."라고 말했다. 번역하기힘든 말인데, 이런 의미였다. "잘못되지 않을 것이라고 베르히톨트가 말했는데 그렇게 되었소." 그는 "하지만 외교 관계의 단절이 반드시 전쟁을 의미하지는 않을 거요"라고 덧붙였다. 이에 대한 베르히톨트의 언급은 기록되지 않았다. 소식이 전해졌을 때그는 산책을 나가 있었다. 저녁에 그는 프란츠 요제프 황제에게세르비아에 대한 동원 명령에 서명할 것을 설득했다. 하지만 그는 프란츠 요제프 황제의 낙관적인 생각을 대체로 공유했고, 그위에 안심시키는 말을 덧붙였다. "동원이 전쟁을 의미하지는 않습니다."

베르히톨트의 단호함은 이제 더 이상 남아 있지 않았다. 이 어리석은 신사는 전쟁을 하겠다는 생각을 결코 가진 적이 없었다. 포르가츠부터 빌헬름 2세에 이르기까지 모든 이가 꺾이지않는 의지를 보이면 세르비아가 언젠가는 물러서리라고 그에게확신을 주었다. 어쩌면 오스트리아의 각서가 제시될 때나, 어쩌면 외교 관계가 단절될 때, 혹은 오스트리아-헝가리의 동원 위협이 있을 때일 것이었다. 베르히톨트는 더 밀고 나갈 생각이 거의

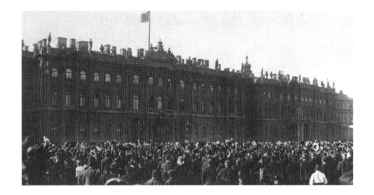

작별, 첫 동원이 시작될 때 러시아인들의 모습

없었다. 다른 이들의 부추김을 받아 벌인 엄포 놓기가 성공적이지 못했고, 그런 입장에 처한 사람이 으레 하는 대로, 시간을 벌자는 생각을 내놓았다. 다른 말로 하면 아무것도 하지 말자는 제안이었다. 나쁜 생각은 아니었다. 다른 나라들도 여전히 세르비아를 위해 전쟁할 마음이 없었다. 사조노프와 그레이 둘 다 베르히톨트가 벌여놓은 혼란에서 그를 꺼내려 애썼다. 7월 25일은 알다시피 토요일이었는데, 에드워드 그레이 경이 저 멀리 떨어진 발칸 반도의 위기 때문에 주말 낚시를 포기하리라 기대하는 것은 지나쳤다. 그렇지만 그레이는 영국이 발칸 전쟁 중에 가진 대사들의 회합과 유사한 국제회의를 제안해야 한다는 외무성의 의견을 승인했다. 한편 사조노프는 오스트리아-헝가리와의 직접 대화를 추구함으로써 이 제안을 거스르고 있었다.

두 가지 제안 모두 독일에 전해졌다. 베트만-홀베크가 그레이와 사조노프처럼 전쟁을 피하기를 간절히 바라고 있다는 가정에 근거해서였다. 그러나 가정이 틀렸다. 베트만-홀베크는 아마 유럽 국가들 간의 전면적인 전쟁을 피하기를 원했을 것이다. 반면에 그는 의식적으로 "국지화된" 전쟁, 즉 오스트리아-헝가리와 세르비아 사이의 전쟁을 원했다. 그의 생각에 이렇게 되어야 그가 안고 있던 모든 문제가 해결될 것이었다. 오스트리아-헝

한창 바쁜 가운데 긴장을 놓아버린 러시아 장교들

가리의 위신이 회복될 것이고, 동맹에 대한 독일의 성실성이 드러나 독일의 위신도 올라갈 것이었다. 그는 화해를 바라는 사조노프와 그레이의 호소를 보고 둘 중 아무도 세르비아만을 위해서 전쟁을 하지는 않으리라 확신했다. 그리고 푸앵카레와 비비아니가 여전히 자리에 없는 상태에서 프랑스에서 결정적인 정책이 나오지 않고 있었기에 그의 확신이 더 굳어졌다. 그러나 그는 서둘렀다. 삼국협상 국가들의 마음이 바뀔지 모르는 일이었다. 훨씬 더 안 좋은 일은 빌헬름 2세가 휴가에서 돌아오고 있었는데 그가 베트만-홀베크의 조언을 따르려 하지 않았고, 베트만-홀베크가 잘 알고 있듯이 빌헬름 2세는 진짜 전쟁의 위기가 닥쳐오면 유화적으로 변할 가능성이 크다는 것이었다. 실제 일어난 일이 이와 꼭 같았다. 빌헬름 2세는 돌아오자마자 세르비아가 내놓은 답이 오스트리아-헝가리의 승리를 의미하며 수용되어야 한다고 주장했다. 너무 늦게 태도를 바꿨다. 그때까지 오스트리아-헝가리는 베트만-홀베크의 강경한 태도에 따라 전쟁을 하는 쪽으로 떠밀렸다.

베르히톨트는 베를린으로부터 계속해서 재촉을 받았다. 그레이의 중재 제안이나 국제회의 제안이 베르히톨트에게 전달되었을 때는 늦었다. 독일이 이미 제안을 거절했음이 확실했고 제안에 마냥 답을 않고 있을 수 없었다. 오스트리아-헝가리는 유럽에 기정사실 fait accompli 을 들이밀어야만 했다. 그레이는 "너무 늦었소"라는 답에 직면해야만 했다. 베르히톨트는 참모총장 콘라트를 소환했다. 기이한 상황이 연출되었다. 소심하고 평화를 선호하던 외교관들이 선전포고를 원했고, 호전적이던 장군들이 반대했다. 콘라트는 세르비아에 대해서일지라도 동원에는 시간이 걸린다고 설명했다. 오스트리아-헝가리군이 8월 12일까지 준비를 갖추지 못할 것이며 그전에 선전포고를 하면 웃음거리가 되리라는 것이었다. 이는 베르히톨트에게 반가운 말이었다. 선전포고가 결국 아무것도 아닐 것이었다. 선전포고는 또 다른 외교적 행동, 즉 세르비아가 항복하게 만들 수 있는 한층 더 나아간 엄포에 불과할 것이었다. 그러는 중에 베르히톨트는 해법을 새로 내놓을 것이고 동맹국 독일을 만족시킬 것이었다. 그는 다음과 같은 말로 콘라트의 8월 12일 주장을 거부했다. "외교적 상황이 그리 오래 지속되지 않을 것이오."

이제 빈에 돌아와 있던 베르히톨트는 이슐에 있는 프란츠 요제프 황제에게 전보를 보내 세르비아군이 오스트리아인들에게 총격을 가했다고 알렸다. 프란츠 요제프 황제는 세르비아에 대한 선전포고를 승인하는 답전을 보냈다. 그 무렵 세르비아

영내에서 대기하며 훈련하는 러시아 포병

군이 발포했다는 보고가 잘못된 것으로 밝혀졌다. 베르히톨트는 선전포고가 발송될 때까지 프란츠 요제프에게 이 사실을 알리지 않았지만 세르비아군의 발포에 대한 언급을 선전포고 문구에서 삭제했다. 나중에 베르히톨트는 주군主君을 속이려 한 것은 아니라고 주장했다. 어쩌면 이중성이 그의 습관이 되었을 뿐일 것이다. 한 가지 문제점이 남아 있었다. 외교관계가 이미 단절되었다는 사실을 감안할 때 선전포고를 어떻게 전달할 것인지가 문제였다. 세르비아에서 오스트리아-헝가리의 이익을 지켜주던 독일인들은 배달부 역할을 거부했다. 야고의 말로는 "우리가 오스트리아-헝가리에게 전쟁을 부추겼다는 인상을 줄까 해서였다." 하지만 베르히톨트와 관리들은 간단한 해결책을 찾았다. 선전포고는 일반 전신으로 부쿠레슈티를 거쳐 베오그라드까지 전달되었다.

파시치는 7월 28일 오후 1시에 전보를 받았다. 그는 이것이 세르비아의 공격 유발을 의도한 오스트리아의 속임수라고 생각했다. 그는 런던, 파리, 상트페테르부르크 주재 세르비아 공사에게 전보를 보내 오스트리아-헝가리가 진짜로 세르비아에 전쟁을 선포한 것인지 물었다. 오후에 답보가 왔다. 사실이었다. 전쟁이 시작되었다. 적어도 이론상 그랬다. 그러나 실제로는 아무 일도 일어나지 않은 것 같았다. 베르히톨트는 이내 전쟁 선포가 전쟁과 동일한 것은 아니라 말하고 있었고, 일어나는 일도 거의 그의 말이 옳음을 입증하는 것 같았다. 1914년 가을까지도 세르비아와 오스트리아-헝가리 사이에 전투다운 전투가 없었다. 그 가을에 세르비아의 침입을 발칸군 사령관 포티오레크가 잘 막아내지 못했는데, 보스니아 총독으로서 프란츠 페르디난트 대공의 사라예보 방문을 제대로 치러내지 못했던 것만큼이나 안 좋았다. 그러나 실상이 없고 전투가 없는 전쟁이어도 외교적 위협—아무리 엄중해도—과는 근본적으로 달랐다. 강대국들은 유럽 밖의 나라들, 그리고 유럽의 가장자리에 있는 터키와 수많은 전쟁을 벌였다. 하지만 1870년 이래 어느 강대국도 유럽 국가에 전쟁을 선포한 적이 없었다. 베르히톨트는 세르비아만 상대로 하는 전쟁조차도 시작하려 하지 않았다. 그는 단지 자신이 지독하게 무력한 외상이 아님을 보여주고 베를린에서 쏟아져 들어오는 비난과 질책과 재촉을 막을 방법을 찾기를 원했다. 티사, 콘라트, 프란츠 요제프 황제, 독일인들, 삼국협상 국가의 정치인들, 이 모두를 차례로 속이고 마지막으로 스스로를 속이는 것으로 끝맺음했다. 그러나 베르히톨트가 의도하거나 바랐던 것은 더 이상 무의미했다. 세르비아에 전쟁을 선포함으로써 베르히톨트는 제1차

세계대전의 두 번째 총탄을 발사한 셈이었다. 프린치프가 쏜 총
탄이 제1차 세계대전의 첫 번째 총탄이 된 것만큼이나 명백했다.
프린치프나 베르히톨트나 의도하지 않았을지라도 말이다.

제 4 장

독일의 결정이

내려지다

빈의 오스트리아인들이 발칸 반도에서 전쟁을 시작했다. 아니면 적어도 그런 제스처를 취했다. 이것이 그들의 능력이 허락하는 최대한이었다. 이것이 유럽 전쟁으로 확대되느냐 마느냐는 진정한 강대국을 다스리는 통치자들에게 달려 있었고, 누구보다도 베를린의 독일인들에게 달려 있었다. 다른 모든 사람은 타협을 간절히 바라고 있었다. 영국인들과 프랑스인들은 세르비아에 일말의 관심도 없었다. 러시아인들조차도 오스트리아-헝가리가 원하는 것 전부는 아니어도 일정 정도 만족할 만큼 얻어야 한다는 데 이의가 없었다. 출구가 있었다. 매우 흥미롭게도 베를린은 아니더라도 포츠담에 있는 한 사람이 매우 분명하게 파악했다. 빌헬름 2세는 전쟁도 불사하는 열의를 잃었다. 그는 여전히 세르비아의 답으로 오스트리아-헝가리가 필요한 모든 것을 얻었다고 확신했다. 상궤를 벗어난 그의 사고력으로 해결책을 생각했다. 세르비아가 약속을 이행하게 할 담보로서 오스트리아인들이 베오그라드를 점령해야 한다는 것이었다. 동시에 오스트리아인들은 세르비아의 주권을 침해할 의도가 없다고 선언할 것이었다. 이것이 베오그라드에서의 정지 Halt in Belgrade라 불린 해결책이었다. 능력 있는 외교관이라면 생각해 낼만 했고 이 해결책으로 위기를 끝낼 수도 있을 것이었다.

이전 전쟁의 승리를 기억하는 황제 빌헬름 2세. 1813년 라이프치히 전투(1813년 10월 16~19일에 벌어진 나폴레옹 연합군과 제6차 대프랑스 동맹군 간의 전투로 제1차 세계대전 전 유럽 최대 규모의 전투였다. 나폴레옹의 대패로 끝나 그의 몰락을 가져왔다.)를 기념하다.

오스트리아인들은 탐탁하게 여기지 않았다. 그들은 자신들의 동원이 이론상 완료되는 8월 12일까지는 세르비아에 맞서 행동하기를 주저했다. 아이러니하게도 그들의 염려는 근거가 없었다. 세르비아인들이 베오그라드를 사수하지 않기로 마음먹었으므로 오스트리아인들은 총을 거의 쏘지 않고도 점령할 수 있었을 것이었다. 그들 앞에는 더 큰 반대가 놓여 있었다. 세르비아와의 전쟁이 진짜 시작되었을 때 세르비아를 보존하기로 한 약속을 지킬 생각이 없었다. 티사의 반대를 꺾을 수 있다면 오스트리아-헝가리 스스로 세르비아 영토를 병합할 것이었다. 그렇지 않더라도 세르비아 영토는 동강이 나 불가리아와 알바니아에 던져질 수 있을 것이었다. 앞으로 일어날 일들을 보면 그러한 의도는 어리석은 생각이었다. 1914년 가을에 바로 세르비아가 헝가리 영토를 점령했기 때문이다. 세르비아가 점령당한 것이 아니고 말이다. 하지만 이러한 일들을 계산에 넣으며 베르히톨트는 베오그라드에서의 정지를 성사시키기 위한 모든 계획에 귀를 닫아버렸다.

베르히톨트의 회피와 침묵은 중요하지 않았다. 빌헬름 2세의 화해 외교에 결정적으로 대립각을 세운 이는 베트만-홀베크였다. 그는 자신의 생각에 맞지 않으면 주군에게 깜짝 놀랄 만

정치가들이 벌여놓은 상황에 대한 상반되는 시사만평
빌헬름 2세를 찾아온 비스마르크의 유령

정치가들이 벌여놓은 상황에 대한 상반되는 시사만평

러시아의 공격 위협을 받는 평화로운 독일

큼 불복종하는 모습을 보였다. 베트만-홀베크는 국지화된 전쟁 외의 다른 해결책에는 고집스럽게 눈을 돌리지 않았다. 이제까지 그는 폭력을 수반하더라도 독일의 지원을 받아 오스트리아-헝가리의 위신을 다시금 주장할 수 있기를 바랐다. 그렇게 되면 동맹 제국[78]의 입지가 넓어질 것이었다. 오스트리아-헝가리가 타협하거나 약화된다면 독일의 위신 또한 흔들릴 것이었다. 베트만-홀베크는 세르비아가 어느 때인가는, 기왕이면 전쟁이 일어나고 나서, 물러서리라 확신했다. 그는 또한 러시아가 독일과 전쟁 위협에 직면하더라도 개입하는 일이 벌어져서는 안 된다는 원칙에서 벗어나지 않으려 했다. 그는 7월 5일 이 원칙을 못 박았고, 7월 28일에도 고수했다. 사실상 선택의 여지가 없었다. 러시아가 물러서지 않는다면 독일을 지탱하는 가장 강한 힘인 군대가 어떤 생각을 갖게 되겠는가? 세상에서 자신들의 군대가 가장 강하다는 말을 한 세대 동안 들어왔던 모든 애국적인 독일인들이 뭐라 하겠는가? 베트만-홀베크는 자신이 독일 민족주의를 제어하는 브레이크로 행동한다고 생각하기를 좋아했다. 그리고 물론 브레이크는 자동차가 움직일 때만 소용이 있었다. 러시아에 굴욕까지는 주지 않더라도 견제를 한다는 것이 베트만-홀베크 정책의 핵심적인 부분이었다.

---

78 Central Powers. 제1차 세계대전에 참전한 동맹국 독일과 오스트리아-헝가리를 의미한다. 이전의 삼국동맹에서 이탈리아가 빠졌고, 전쟁 발발 후 오스만 제국과 불가리아가 이들 편에 섰다.

가장 먼저 동원된 군인들 가운데 한 명이 군장을 갖추고 있다.

　　베트만-홀베크에게는 두 번째 목표가 있었는데 점차 첫 번째 자리로 올라왔다. 그가 항상 말버릇처럼 되뇌었다. "독일이 단호하면 전쟁은 비껴갈 것이다. 그러나 끝내 전쟁이 일어난다면 전쟁의 모든 책임은 러시아가 져야 한다." 그는 모든 비난을 러시아에게 뒤집어씌우기를 간절히 바라다가 자신의 원래 목표를 거의 잊게 되었다. 러시아에 덤터기를 씌우는 것은 베트만-홀베크에게 대단히 매력적인 일이었다. 러시아가 주도적으로 앞으로 나서면 프랑스인들이 멈칫할 가능성이 있었다. 1908년 보스니아 위기 때 그랬듯이 말이다. 베트만-홀베크의 관점에서 더욱 중요한 것은 그럴 경우 영국이 중립을 지키리라는 것이었다. 적어도 그는 그렇게 생각했다. 베트만-홀베크는 육군은 생각하지 않았다. 육군 면에서 영국은 중요하지 않았다. 어쩌면 그는 독일이 단번에 승리를 거둘 수 있을지 의심했고 따라서 장기전을 예상했을 수도 있다. 좀 더 가능성이 큰 이유로, 보수적인 독일인이지만 또한 유럽 문명을 잘 이해하는 베트만-홀베크가 영국을 자신이 따라야 할 모범으로 여겨 심리적으로 자신 있게 나아가려면 영국의 중립이 필요했을 수 있다.

　　베트만-홀베크는 또한 국내정치적 계산이 있었다. 그는

재상으로서 좌파와 우파 사이에서 균형을 추구했다. 자신은 보수적이었지만 이제 제국의회 최대 단일 정당을 이루는 사회민주주의자들이 계속 야당으로 남아 있기보다 여당 측에 힘을 합하는 때가 오길 바랐다. 그런 일이 이미 진행되고 있었다. 독일의 사회민주주의자들은 이론상으로는 여전히 마르크스 국제주의자들이었지만 실제로는 독일 정서를 강하게 지니고 매일매일 기회에 편승하려는 이들이 되어가고 있었다. 러시아의 위협이 그들을 벼랑 끝으로 몰아갈 것이었다. 그들은 마르크스와 엥겔스 때부터 줄곧 전쟁에 반대하는 원칙에서 러시아를 예외로 삼았다. 그들의 지도자 베벨[79]이 오래전에 선언했다. "러시아에 맞서 사회민주주의자들이 하나가 되어 행진할 것이다." 따라서 상황이 독일에 대한 러시아의 공격으로 비칠 수 있다면 베트만-홀베크는 1848년 이래 어떤 독일 정치가들도 성취하지 못한 기적을 이룰 것이었다. 그는 통일된 독일을 만들어낼 것이었다. 그리고 실제로 그렇게 했다.

그러므로 위기가 별 볼일 없이 끝나버린다면 베트만-홀베크에게 달갑지 않은 일이었다. 그에게 빌헬름 2세의 선의의 노력을 무위로 돌아가게 만드는 것은 쉬운 일이었다. 빌헬름 2세는 포츠담에 있었고, 어이없게도 베를린과 연결되는 전화가 없었다.

---

79 Bebel, August 1840~1913 독일의 사회주의자. 1861년 라이프치히에서 노동운동에 참여해 빌헬름 리프크네히트(Liebknecht, Wilhelm)와 함께 독일사회민주노동당을 설립해 이끌었고 이후 통합된 독일사회민주당에서 1892년부터 1913년까지 의장을 맡았다.

빌헬름 2세가 보내는 모든 메시지는 인편으로 전달되어야만 했고, 그때마다 베트만-홀베크는 너무 늦었다고 답할 수 있었다. 빌헬름 2세의 메시지는 이미 발생한 일들로 소용없게 되었다. 마찬가지로 빌헬름 2세는 외교적 상황의 전개를 몇 시간 후에야 알 수 있었다. 상황이 촌각을 다툴 때 유럽에서 가장 힘이 있는 통치자는 일어난 일보다 항상 하루가 늦었다.

시간표가 정해놓은 대로 가다

상황은 베트만-홀베크나 다른 누가 예상했던 것보다 빠르게 돌아갔다. 오스트리아인들은 세르비아에 전쟁을 선포함으로써 모든 것을 뒤엎어놓았다. 그들은 전에는 참기 힘들 정도로 시간을 잡아먹으며 우왕좌왕했던 데 반해 지금은 8월 12일이라는 최종 시한을 정해놓았다. 그전에 모든 일이 해결되어야 했다. 아니면 걷잡을 수 없게 될 것이었다. 8월 12일이라는 날짜도 너무 멀리 잡은 것임이 곧 밝혀졌다. 베르히톨트는 무슨 일이든 진짜로 일어나기 전에 자신에게 두 주의 시간이 있다고 생각했다. 콘라트가 이러한 착각을 산산조각 냈다. 그는 8월 1일까지 세르비아에 대해서만 동원이 진행될 수 있다고 말했다. 8월 1일에는 세르비아에 대해서만 동원을 계속해나갈지 또는 자신이 융통성 있게 세워놓았던 계획에 따라 남아 있는 네 개의 군단을 러시아 전선으로 향하게 할지 결정해야 할 것이었다. 다시 말해, 오스트리아-헝가리는 8월 1일까지 러시아의 중립 보장을 받아야 했다. 오스트리아인들은 스스로 얻어내지 못할 것이었다. 왜냐하면 오스트리아인들이 러시아에 접근하면 세르비아 문제를 단지 국지전으로 다루지 않는다는 인식을 보여주기 때문이었다. 사실상 독일이 자신의 약속을 지키고 전쟁 위협으로 러시아가 중립을 지키도록 묶어놓아야 할 때였다.

정확히 같은 시각에 러시아인들도 결정을 내려야만 하는 상황에 직면했다. 그들은 세르비아를 지원하기로 결정했었는데, 아직도 외교적 지원만 하게 되기를 바랐다. 그들은 자신들의 중립 보장 없이 오스트리아인들이 세르비아에 대한 동원을 감히 시작할 수 없음을 알지 못했다. 오히려 러시아인들은 자신들 역시 무장을 갖추어야 한다고 생각했다. 그냥 가만히 있기만 해도 세르비아에 대한 오스트리아-헝가리의 행동을 막을 수 있고, 최악의 경우라도 독일이 공공연히 침략자로 행동할 수밖에 없게 만들 수 있다는 생각을 결코 하지 못했다. 베트만-홀베크는 그러지 않으려고 단단히 마음먹고 있었지만 말이다. 위기를 맞아 가

전선을 향한 출정에 나선 프랑스의 첫 예비군 부대

장 하기 어려운 일은 사태를 기다리는 것이고, 러시아인들은 차마 그렇게 하지 못했다. 한 치 앞을 내다볼 수 없는 상황이 그들을 짓눌렀고, 또한 약하고 우유부단한 인물이라는 평가를 받는 사조노프는 다른 이들처럼 자신이 그렇지 않음을 보여주고 싶어 했다. 실제로 그런 인물이었지만 말이다.

사조노프는 아직 안전한 출구가 있을 것이라 생각했다. 오스트리아-헝가리에 대해서만 부분적으로 동원하는 방법이었다. 그레이가 매우 당연한 대응이라 생각한다고 전보를 보냈다. 독일 외상 야고는 7월 26일에 독일이 반대하지 않을 것이라 말했다. 사조노프가 줄곧 믿음을 놓지 않았던 비장의 카드가 여기 있었다. 7월 28일 그는 오스트리아-헝가리가 세르비아에 선전포고했다는 소식을 듣고 곧장 상트페테르부르크에서 27킬로미터 떨어진 페테르고프에 있던 니콜라이 2세[80]를 만나러 갔다. 사조노프는 자신의 해결책을 내보였다. 러시아 장군들이 반대했다. 이제 그들은 부분 동원이 불가능하다고 말했다. 전에는 그러지 않았던 것 같은데 말이다. 부분 동원을 위한 계획이 마련되어 있지 않았다. 부분 동원을 실행하자면 매우 급조할 수밖에 없을 것이었다. 더욱 심각한 문제는 일단 부분 동원을 시작하면 전면 동원이 불가능하게 되고, 러시아의 운명을 독일이 결정하게 되리

---

80 Nikolay II, Nikolay Aleksandrovich 1868~1918 러시아의 황제. 1894년 알렉산드르 3세에 이어 황제가 되었다. 19세기 말과 20세기 초반 러시아의 정치적, 사회적 혼란을 강압적인 전제정치로 억누르다가 제1차 세계대전의 장기화로 국정이 파탄 지경에 이르러 1917년 2월 혁명으로 퇴위하고 1918년 7월 적군(赤軍)에 의해 온 가족이 총살되었다.

라는 것이었다. 니콜라이 2세와 사조노프는 다시 한번 주저했고 결국 결정을 회피하기로 정했다. 두 개의 명령, 즉 칙령^{ukase}이 마련되어야 했다. 하나는 부분 동원 명령이었고 다른 하나는 전면 동원 명령이었다. 이후의 형식적 요건이 중요했다. 먼저 칙령에는 황제의 서명이 필요했고, 다음으로 육군상과 해군상이 서명한 뒤, 마지막으로 황제가 다시 승인해야 했다.

　다음 날 아침, 사조노프는 상트페테르부르크로 돌아와 참모총장 야누쉬케비치[81]와 논의했다. 사조노프는 부분 동원에 반대하는 군의 주장에 흔들렸다. 그리하여 사조노프는 야누쉬케비치가 두 가지 명령 모두 페테르고프로 가지고 가서 차르의 서명을 받는 데 동의했고, 야누쉬케비치는 그렇게 했다. 니콜라이 2세는 두 개의 명령에 모두 서명했다. 그러나 결국 둘 중 어느 것에도 의지가 없었다. 야누쉬케비치는 부분 동원 명령에는 관심이 없었다. 그는 상트페테르부르크로 돌아와 전면 동원을 위한 칙령을 들고 러시아가 전쟁 준비가 안 되어 있다고 단언한 육군상 수호믈리노프[82]에게 갔다. 내상 마클라코프[83]도 그 자리에 있었는데 전쟁이 일어나면 혁명으로 이어질 것이라 덧붙였다. 수호믈리노프가 "우리의 운명을 회피할 수 없소."라고 소리쳤고 성호를 긋고는 칙령에 서명했다. 야누쉬케비치는 해군상에게 칙령

---

81 Yanushkevich, Nikolai 1868~1918 러시아의 장군. 1914년 3월 참모총장이 되어 제1차 세계대전을 맞았고 1915년 9월 니콜라이 2세가 니콜라이 대공의 지휘권을 박탈하고 직접 최고사령관이 되자 대공과 함께 물러났다.

82 Sukhomlinov, Vladimir Aleksandrovich 1848~1926 러시아의 장군. 상트페테르부르크기병학교장, 키예프 총독, 참모총장을 지내고 육군상(1909~1915)으로 있었다. 제1차 세계대전 초기 전황, 특히 물자 부족을 책임지고 1915년 6월 경질되었고 1916년 반역, 부패 등의 죄로 수감되었다가 볼셰비키에 의해 풀려났다.

83 Maklakov, Nikolai Alekseevich 1871~1918 러시아의 관료. 재무성에서 경력을 쌓고 1912년 12월 내상이 되었다. 1915년 6월 전황이 좋지 않자 러시아 의회 두마로부터 정치적 압력을 받은 니콜라이 2세가 왕정주의자였던 그를 해임했다. 볼셰비키 혁명으로 체포되고 처형당했다.

을 가져갔고 그러고 나서 조급한 마음으로 차르의 최종 승인을
기다렸다.

베트만-홀베크가 배짱이 없어지다

차르의 최종 승인이 내려졌다가 다시 철회되었다. 두 번
모두 베를린에서 원인을 제공했다. 7월 29일 베트만-홀베크가
배짱을 잃기 시작했다. 오스트리아-헝가리가 타협을 시도해보지
도 않고 세르비아에 적대를 계속해나간다면 외교적 상황이 독일
에 유리한 방향으로 진행되지 않을 것임이 그의 머릿속에서 분
명해졌다. 독일은 러시아에 위협을 가해야만 할 테고 침략자로
보일 것이었다. 사회민주주의자들을 끌어들일 수도 없을 것이고,
영국은 중립을 약속하지 않을 것이었다. 하지만 독일 장성들은
러시아에서 동원한다는 소문이 들려오고 있으니 독일의 동원이
오래 지체될 수 없다고 주장하고 있었다. 그러기에 7월 29일 정
오가 얼마 지나지 않아 베트만-홀베크는 사조노프에게 "러시아
의 동원이 여기서 더 나아간다면 우리도 동원을 할 수밖에 없을
것"이라고 메시지를 보냈다. 위협이 아니라 경고의 의미였다. 베
트만-홀베크는 러시아의 부분 동원과 전면 동원의 차이를 파악

전쟁 발발 전은 프랑스 사람들의 삶이 비할 데 없이 가장 화려한 때였다. 그러나 독일이 전쟁을 하게 된다면 먼저 싸워야 할 적은 프랑스여야 한다는 독일 정치가들의 결의로 이 모든 화려함이 파괴될 것이었다.

하지 못했다. 군인들에게는 일어나지 않을 일이었다. 하지만 사조노프에게 베트만-홀베크의 메시지는 충격적이었다. 그 메시지로 인해 독일과의 전쟁을 피하면서 오스트리아-헝가리를 저지할 수 있는 방법이 있다고 생각한 그의 믿음이 무너졌다.

사조노프는 다시 한번 러시아군 지도부와 의논했다. 군 지도자들은 이번에도 전면 동원을 주장했고, 이제 사조노프가 동의했다. 베트만-홀베크의 메시지를 받은 후 부분 동원과 전면 동원의 차이가 없어진 것으로 보였다. 이렇게 해서 부분 동원이라는 비상 탈출구를 찾아나가려는 생각에 빠져 있던 사조노프는 자신이 의도하지 않던 전면 동원으로 빠져들게 되었다. 니콜라이 2세는 전면 동원에 대한 권고를 전화를 통해 받았고 동의했다. 하지만 니콜라이 2세와 사조노프 모두 자신들이 판을 더 크게 벌인 것이지 전쟁에 대한 의지를 드러낸 것이 아니라고 계속 생각했다. 전보를 보내느라 타자기들이 울려대기 시작했다. 저녁이 되어 니콜라이 2세는 팔촌형제[84]인 빌헬름 2세로부터 전보를 받았다. 빌헬름 2세는 자신이 제안한 "베오그라드에서의 정지"의 성사가 눈앞에 있다고 전했는데, 부정확했지만 진심이었다. 러시아의 동원은 오스트리아-헝가리에 대한 동원일지라도 이 해결책을 내쳐버리는 일이 되리라는 것이었다.

---

84 유럽의 왕가들이 혼인 관계로 얽힌 것은 널리 알려진 일인데, 특히 제1차 세계대전 참전국인 영국, 독일, 러시아의 군주인 조지 5세(George V), 빌헬름 2세, 니콜라이 2세가 친척이다. 조지 5세와 니콜라이 2세는 어머니들이 덴마크 공주 자매인 이종사촌이고, 조지 5세와 빌헬름 2세는 각각 영국 빅토리아 여왕(Queen Victoria)의 친손자, 외손자로 고종사촌이다. 빌헬름 2세와 니콜라이 2세는 빌헬름 2세의 조모이자 빌헬름 1세의 부인 아우구스타(Augusta)의 외조부가 니콜라이 2세의 고조부 러시아 파벨 1세(Pavel I)가 되어 팔촌형제이자, 빌헬름 2세의 조부 빌헬름 1세와 니콜라이 2세의 증조모가 남매지간인 칠촌 간이기도 하다. 또한 니콜라이 2세의 부인 알렉산드라 표도로브나(Alexxandra Feodorovna) 역시 빅토리아 여왕의 외손녀로 조지 5세와 고종사촌이고 빌헬름 2세와 이종사촌이다. 빌헬름 2세의 부인 아우구스타 빅토리아(Augusta Victoria)는 외조모가 빅토리아 여왕의 이부자매로 조지 5세와 연결된다.

BLACK CAT CIGARETTES

COPYRIGHT "LAND & WATER"   Q. P. & S.

LUTHER-LIEBKNECHT IN THE REICHSTAG

마르틴 루터(Luther, Martin 1483~1546 독일의 신학자, 종교개혁가. 가톨릭교회의 면죄부 판매에 대한 비판을 담은 95개 논제를 비텐베르크 대학 교회 정문에 붙여 종교개혁운동이 일어나는 데 큰 역할을 했다.)의 모습을 하고 황제 빌헬름 2세를 꾸짖는 카를 리프크네히트(Liebknecht, Karl 1871~1919 독일의 혁명가. 1912년 사회민주당원으로 제국의회에 들어갔으나 정부와 사회민주당 주류에 반대해 제국주의 전쟁을 계급 전쟁으로 전환할 것을 주장했다. 로자 룩셈부르크 등과 함께 스파르타쿠스 연맹을 만들었고 1919년 봉기를 일으켰으나 자유군단이라는 의용군에 의해 로자 룩셈부르크와 함께 살해당했다). 라에마에커스(Raemaekers, Louis 1869~1956 네덜란드의 시사만평가로 제1차 세계대전 시 내놓은 반독일적 만평으로 국제적 명성을 얻었다.)의 비현실적인 시사만평에 등장한 모습. 실제로 전쟁이 발발했을 때 독일 사회민주주의자들은 이전까지 평화를 외쳐왔던 것을 조용히 잊고서 자신들의 눈에 러시아의 공격으로 비쳐진 전쟁에 맞서 조국을 위해 기꺼이 싸우러 나섰다.

니콜라이 2세는 흔들렸다. 그는 잠옷을 입은 채로 텅 빈 왕궁의 계단을 휘청거리며 내려와 수호믈리노프에게 전면 동원을 중지하라고 전화했다. 수호믈리노프와 야누쉬케비치는 불가능하다고 설득하려 했으나 차르는 "멈추라."고 대답했고, 장군들은 명령을 따르고자 마음을 먹었다. 이날 밤에는 군사 전보 발송이 멈추었다. 차르는 부분 동원도 중단되어야 한다고 생각했을까? 그가 빌헬름 2세에게 이제 실행되는 군사 조치들은 오스트리아의 전쟁 준비 때문에 방어 목적에서 결정되었다고 답전을 보낸 것으로 보아 그렇지 않아 보인다. 그러나 장군들이 부분 동원에 반대했다. 그러니 차르는 부분 동원이 진행되고 있다고 생각했던 반면 장군들이 모든 행동을 보류했을 수도 있다.

차르가 결정을 내리다

사조노프도 차르와 같은 생각을 했지만 다른 결론을 내렸다. 그는 장군들과 장시간 논의한 후에야 부분 동원이 불가능함을 파악했다. 하지만 당장 모든 동원을 포기하는 대신에 전면 동원을 소리 높여 외치는 쪽을 택했다. 7월 30일 아침 그가 차르에게 전화했으나 차르는 생각을 바꾸지 않았다. 오후 세 시가 되어 드디어 차르는 사조노프를 만나기로 했다. 사조노프는 다시 한번 페테르고프로 향했다. "꾸물거리다가는 나라를 혼란에 빠뜨려 위태로워질 수 있으므로 러시아 국민을 대표하는 의원들의 수장으로서 좌시하지 않겠다."라는 러시아 의회 의장의 메시지를 가지고서였다. 사조노프가 한 시간 넘게 설득했으나 소용없었다. 차르는 전쟁에 뛰어들지 않을 것이었다. 차르의 시종무관이 "예, 결정하기 어려운 일입니다."라고 거들었다. 차르는 "결정하겠네."라고 버럭 소리쳤고, 결정을 내렸다. 그는 사조노프에게 전면 동원에 승인할 것을 명했다. 사조노프는 야누쉬케비치에게 전화해 소식을 전하고 "이제 당신 전화통을 박살내도 되겠소."라고 말하며 전화를 끊었다. 명령은 오후 4시에 발해졌다, 밤중에 소집 명령을 알리는 붉은색 벽보가 붙었다. 그러나 이번에도 전쟁을 결정했다고 생각한 것은 아니었다. 니콜라이 2세는 동원된 러시아군이 주둔지에 계속 머무를 수 있다고 옳게 생각했다. 다음 날 오후 그는 빌헬름 2세에게 오스트리아-헝가리와 세르비아 간의 협상이 진행되는 한 러시아군은 움직이지 않을 것이라고 약속했다. 이 약속은 진심이었고 지켜질 수도 있었다.

그러나 오스트리아인들은 협상할 생각이 없었다. 그들은 국지전을 간절히 바라기 시작했는데, 바로 베트만-홀베크 등이 국지전에 대한 확신을 상실했을 때였다. 베르히톨트는 독일인들에게 재촉을 받는 동안은 소극적이었다. 베트만-홀베크가 이제 의구심을 나타내기 시작하자 베르히톨트에게 전에 없던 고집이 생겼다. 7월 30일에 이르러 베트만-홀베크는 "베오그라드에서의 정지" 쪽으로 마음을 바꾸었다. 바로 베르히톨트가 이 계획을 좌절시키기로 결심했을 때였다. 그가 따라야 할 분명한 길이 있었다. 오스트리아-헝가리의 전면 동원이 국지전에 대한 전면 거부가 될 것이었다. 이는 러시아와의 전쟁이 불가피함을 의미하고 그리하여 베트만-홀베크가 뒤늦게 타협을 성사시키려고 벌이는 노력을 좌절시킬 것이었다. 좀 더 실제적으로, 이 길은 콘라트의 불안을 마침내 덜어줄 것이었다.

군인들이 가세하다

베르히톨트가 방향을 바꿔 취한 호전적 태도가 생각지 못했던 곳에서 지지를 얻었다. 이제까지 독일군 참모총장 몰트케는 자신의 역량이 부족함을 알고 있기에 베트만-홀베크에게 외교적 해결을 맡기고서 아무튼 전쟁을 피할 수 있기를 간절히 바랐다. 하지만 위기가 심화되면서 몰트케도 자신이 강력한 힘을 발휘할 수 있음을 보이고 싶어 했다. 게다가 차르에게서 화해 의지가 담긴 답을 받지 못한 빌헬름 2세도 무력에 의지하는 쪽으로 다시 돌아서는 것 같았다. 그리하여 몰트케는 콘라트에게 전보를 보냈다. "러시아에 대항해 즉시 동원을 진행하십시오." 7월 31일 아침 콘라트가 베르히톨트에게 이 전보를 보였다. 그러자 베르히톨트는 베트만-홀베크가 보낸 상반되는 내용의 전보들을 흔들어 보였다. 베르히톨트가 외쳤다. "참 황당하군. 베를린에서 누구의 힘이 더 크지? 몰트케인가 아니면 베트만-홀베크인가?" 베르히톨트는 몰트케의 노선을 따르기로 결정했다. 조금 지나 오전 중에 오스트리아-헝가리의 전면 동원 명령이 선포되었다. 러시아인들이나 오스트리아인들이나 상대방이 전면 동원을 시작한 것을 모르고 있었다. 이렇게 각 나라는 상대에게 행동을 정당화할 구실을 주었다. 그러한 행동을 하고 있는지 알지 못하면서 말이다. 그러나 러시아의 동원과 마찬가지로 오스트리아-헝가리의 동원은 긴장을 고조시킬 뿐이었다. 전면전을 결정한 것이 아니었다.

전면전으로 가는 결정은 7월 31일 베를린에서 내려졌다. 논쟁도 거의 없었다. 베트만-홀베크는 몰트케 등으로부터 동원은 전쟁을 의미한다는 말을 수도 없이 들어왔다. 독일에는 실제

베를린에서 선전포고 소식을 전하는 호외를 택시로 배포하고 있다. 대중의 함성이 강대국들을 전쟁으로 끌고 간 것이 아니다. 결정이 내려지고 나서야 비로소 군중들이 지도자들에게 환호와 지지를 보내게 되었다.

로 전쟁을 의미했다. 그리하여 그는 러시아도 마찬가지일 것이고 러시아의 동원으로 화해를 이룰 모든 희망이 사라졌다고 생각했다. 러시아가 동원을 하면 영국 그리고 어쩌면 프랑스와도 사이가 틀어지리라는 그의 기대는 빗나갔다. 따라서 그는 더 이상 전쟁을 어떻게 피할 수 있을지 생각하지 않고 전쟁에 어떻게 승리할지에 몰두했다. 베트만-홀베크는 이제 몰트케의 종용을 받아서가 아니라 그의 조국이 어떻게 하면 신속하게 전쟁에 돌입할 수 있을지 알아내길 원했다. 이때 몰트케는 슐리펜으로부터 물려받은 동원 시간표에 사로잡혀 있었다. 그는 러시아가 일단 동원을 시작하면 독일은 단 하루라도 허비할 수 없을 것이라 생각했다. 하지만 그는 또한 몇 주 동안은 러시아의 동원이 덜컹거리며 진전이 별로 없을 것이며 독일이 쓸 수 있는 시간이 많을 것임을 알았다. 오히려 그는 프랑스의 동원에 대한 대응이 시급함을 알렸는데, 사실 프랑스의 동원은 아직 시작되지 않았다. 프랑스의 동원에 경보를 울린 것은 위급하지 않을뿐더러 부적절했는데, 왜냐하면 슐리펜 계획의 목표는 프랑스군이 국경으로 전진한 위치에서 포위하는 것이었기 때문이다. 따라서 프랑스군은 동원이 더 진전되고 국경으로 더 나아올수록 피해가 더 커질 터였다.

❶ 변경 불가능한 시간표로 인해 동원이 전쟁으로 돌이킬 수 없이 옮겨감에 따라 전선을 향해 출발할 준비를 하고 있는 독일군

❷ 전쟁의 신을 위한 신전, 크루프 사(16세기 말 크루프 가문이 에센에 정착해 무기 제조 등을 해오다가 19세기 프리드리히 크루프가 주철기업을 세우고 아들 알프레드 크루프가 성장시켜 유럽의 주요 철강과 군수 생산 기업이 되었다. 제1차 세계대전 시 포와 유보트, 제2차 세계대전 시 잠수함, 전함, 기관차, 트럭 등을 생산했다. 1999년 티센 사와 합병해 티센크루프 사가 되었다)의 거대한 에센 소재 공장

이러한 계산은 그들의 머릿속에 없었다. 베트만-홀베크와 몰트케는 서로를 전쟁으로 급하게 몰아갔다. 두 사람 모두 화해가 성사될 가망이 없다고 확신했고 또한 두 사람 다, 애국적 환상과 개인적 비관주의가 공존했는데, 다가올 전쟁에서 독일이 승리할 수 있으리라 생각했다. 이제 외교는 전략에 종속되었다. 독일인들은 마지막으로 법적 절차를 따르려는 의지의 발로로서 자신들이 전쟁에 의지하는 것이 어떻게든 정당화될 증거를 남기고 싶었다. 따라서 실제로 선전포고를 하기 전에 러시아와 프랑스에 최후통첩을 보내야 했다. 그 나라들이 최후통첩을 수용하리라 기대하지 않더라도 말이다. 러시아에 최후통첩을 보내는 일은 쉬웠다. 단지 동원을 중지하고 취했던 모든 조치를 철회하라고 요구하면 되었다. 사조노프는 여전히 독일의 요구에 대한 거부가 즉각적인 전쟁을 의미함을 알아차리지 못했다. 그는 독일인들이 그들 차례가 오면 동원을 할 것이고 자신이 물러서면 안 되니까 알리지 않은 것이라고만 생각했다. 그리하여 심지어 전쟁이 시작되기 바로 전날인 7월 31일에도 사조노프는 꺾이지 않는 배짱과 벼랑 끝 작전의 관점에서 생각했다. 그는 러시아가 취한 조치는 예방조치일 뿐이라고 해명했다. 그는 훗날 역사가들이 전쟁 발발의 책임을 전적으로 지게 된 독일의 억울함을 풀

어주려는 열망에서 독일의 변명을 받아들이고 전쟁 발발의 책임이 방어적 예방조치를 취한 자신에게 있다고 비난의 화살을 돌리리라는 것을 생전에 알지 못할 것이었다.

독일의 프랑스에 대한 접근 방식은 여전히 좀 더 복잡했다. 프랑스인들은 1914년 7월의 이 위기에서 적극적인 역할을 하지 않았다. 후세의 일부 역사가들은 프랑스가 소심했다고 비난을 가했다. 파리는 상트페테르부르크를 부추기지도 억제하지도 않았다. 프랑스는 전면 동원 없이 예비 조치 이상의 어떤 일도 취하지 않았다. 만약 프랑스인들이 최후통첩에 대해 자신들은 동원을 하지 않았고 그럴 의도도 없다고 대답했더라면 독일인들은 매우 당황했을 것이었다. 왜냐하면 독일인들에게는 오로지 프랑스를 무찌르는 계획만 있었고 다른 계획이 없었다. 따라서 독일인들은 만약 프랑스가 화해의 뜻이 담긴 답을 하더라도, 전쟁이 지속되는 동안 프랑스에게 국경 지역의 두 요새 툴과 베르됭을 넘기라고 요구하기로 마음먹었다. 이렇게 요구하면 확실히 프랑스인들이 화가 나 거부할 것이었다. 하지만 독일 대사가 프랑스에게 동원하지 않겠다고 약속하라는 요구를 제시하자 비비아니는 프랑스는 자국의 이익을 따를 것이라 대답할 뿐이었다. 독일인들은 재차 요구하지 않았다. 프랑스가 며칠만 지나면 수용할지 모른다는 생각이 들었다. 그렇게 되면 독일의 공격 계획은 휴지 조각이 될 터였다.

독일이 전쟁을 선포하다

그런데 8월 1일이 되어 독일인들은 자신들이 두 나라에 보낸 최후통첩이 수용되지 않을 것이라 결론을 내렸다. 전면 동원 명령을 내려야 할 시간이 왔다. 사실 명령이 발표된 것은 프랑스에 대한 전쟁이 실제로 선포되기도 전이었다. 빌헬름 2세는 이것이 결정적인 행동임을 인식했고 최대한으로 이용했다. 그는 근위대 정복을 잘 차려입고 포츠담에서 무개차를 타고 베를린의 왕궁으로 들어갔다. 거기서 기라성 같은 장군들을 앞에 세워놓고 전면 동원 명령에 서명을 하기로 했다. 그때 예상치 못한 일로 잠시 중단되는 해프닝이 있었다. 베트만-홀베크가 무수한 별들을 뚫고 나아왔다. 초라한 소령 제복을 입고서였다. 에드워드 그레이 경이 프랑스의 중립을 보증하겠다고 제안했다는 소식을 가져왔다. 빌헬름 2세는 흥분해 소식을 기쁘게 맞이했고 프랑스에 대한 전쟁 준비를 중지하라고 선언했다. 이에 몰트케가 불가능하다고 말했다. 그렇게 되면 11,000편의 열차를 재편성하는 일이 필요할 터였다. 그는 불만이 가득해서 몇 시간 동안 서부전선 전역에서 이동을 중지하는 데 동의했다. 그리고 그 무렵 그레이의 메시지가 실수였거나 잘못 이해되었음이 드러나게 되었다. 그레이는 이제 자신이 프랑스와 영국의 중립을 제안한 것은 독일이 러시아에 대한 공격 또한 자제할 경우에 한해서였다고 주장했다. 영국 정치가들이 자주 그래왔고 또 그러하듯이 십중팔구 그레이가 러시아에 대해 잊고 있었던 것으로 보인다.

하지만 여기에서도 동원 시간표에 아주 작은 변경이 일어나면 사태가 전혀 다른 방향으로 흘러갔을 것이었다. 그레이의 제안은 엄청난 폭발력을 지닌 폭탄이었다. 프랑스인들은 러시아와의 동맹으로 인해 독일이 러시아를 공격할 경우 자신들도 독일을 공격하겠다는 약속에 묶여 있었다. 만약 독일인들이 그레이의 제안을 매우 신속하게 받아들였다면 프랑스는 어쩔 수 없이 침략자로 보일 수밖에 없었을 것이었다. 그러지 않을 수도 있었는데, 독일인들에게 러시아 공격 계획이 없었기 때문이다. 따라서 독일인들이 서쪽으로 이동하지 않는다면 전쟁은 없을 것이었다. 그리고 러시아인들은 공격 의도가 전혀 없었기 때문에 동쪽에서도 전쟁이 진행되지 않았을 것이었다. 이러한 생각들은 공상일 뿐이다. 독일의 통치자들이 전면 동원만이 자신들의 안

지도를 이해하려고 애쓰는 빌헬름 2세와 독일 참모총장 소(小)몰트케. 죽은 지 오래된 슐리펜이 양면 전쟁 문제를 해결하고자 발휘한 창의적 계획으로 인해 독일은 프랑스를 싸움에 끌고 들어가야 했다. 결국 국지적인 분쟁이 유럽 전쟁이 되었다.

전을 지킬 수단이라고 결론이 내리고 나니 다른 이유야 무엇이
건 전쟁은 시작되었다.

8월 1일 독일은 동원을 중지하겠다는 약속을 어기고 러
시아에 전쟁을 선포했다. 8월 3일 독일은 프랑스 조종사들이 뉘
른베르크 상공에서 폭탄을 떨어뜨렸다는 완전히 사실무근의 구
실로 프랑스에 전쟁을 선포했다. 만약 폭탄이 떨어졌다면 독일
항공기에서 떨어졌을 것이다. 아니면 떨어진 폭탄이 하나도 없
는데 완전히 꾸며낸 이야기였을 수도 있다. 기이하게도 이 두 나
라에 대한 선전포고는 모두 긴박함이 없었다. 독일은 러시아에
대한 공격 계획이 없었고, 따라서 동부전선에서 전쟁을 서두르
는 것은 어리석은 일이었다. 또한 그들은 프랑스를 직접 공격한
다는 계획이 없었다. 벨기에를 통과해 프랑스군을 상대할 작정
이었다. 독일군이 벨기에를 자유롭게 통과하게 해달라는 최후통
첩은 7월 26일 몰트케의 책상 서랍에서 나와 브뤼셀에 전달되
다. 프랑스군이 어떻게 벨기에 침공을 준비하고 있는지 시시콜
콜한 내용을 담았는데, 그 상황에서 매우 부적절했다. 그러나 구
실은 전혀 중요하지 않았다. 최후통첩은 8월 2일 저녁에 전달되
었다. 프랑스에 대한 선전포고보다 오히려 24시간 빨랐는데, 프
랑스에 대한 선전포고가 있어야 벨기에에 대한 최후통첩이 정당

화될 수 있었다. 독일이 실제로 벨기에에 선전포고를 할 때 독일군은 이미 벨기에 영토에 들어와 있었다. "다음으로 무엇을 해야 할까, 무엇을 말해야 할까?" 이 질문에 답하는 관점에서 7월 28일에서 8월 3일 사이에 많은 결정이 내려졌다. 하지만 오스트리아-헝가리와 세르비아 간의 작은 발칸 지역 분쟁이 유럽 전쟁이 되도록 만든 것은 단 하나의 결정이었다. 독일의 7월 31일 전면 동원 개시 결정이었다. 그리고 그 결정이 결정적이었던 이유는 이제 무덤에 누워 있는 슐리펜이 두 곳의 전선에서 벌어지는 양면 전쟁이라는 문제를 해결하고자 동원한 학술적 창의성 때문이었다. 이제 마지막 단계가 남아 있었다. 독일인들은 유럽 전쟁을 결정했다. 전쟁이 유럽 대륙을 넘어 전 세계로 확대되느냐 마느냐는 영국인들이 결정을 내려야 했다.

제 5 장

영국의 결정이

내려지다

"그리고 이것이 제국의 날을 기리는 뜻이다." 체스터턴(Chesterton, Gilbert Keith 1874~1936 영국의 문인. 평론. 시. 소설 등 다양한 영역의 글을 남겼으며 신학적 주제에도 큰 관심을 가졌다. 인용된 문장은 그의 시 "Song of Education"의 Geography부분에 있다.)

오래전부터 예견된 대로 두 개의 대동맹 사이에 전쟁이 일어났다. 방침을 덜 명확하게 설정한 두 강대국이 있었다. 이탈리아는 서로 모순되는 약속에 묶여 있었는데, 이로 인해 오히려 당혹스러운 행동을 하지 않을 수 있었다. 이탈리아는 삼국동맹의 회원국으로서 프랑스의 공격에 대해 독일을 지원하기로 약속했다. 또한 프랑스와 비밀조약을 맺어 독일이 프랑스를 공격할 경우 독일을 지원하지 않겠다고 약속했다. 러시아와 오스트리아-헝가리 사이에 벌어지는 전쟁에는 중립을 지키겠다고 약속했다. 그러나 다른 한편으로 이탈리아는 삼국동맹의 협력국들이 다른 강대국 두 나라와 전쟁을 하면 참전하기로 약속했다. 이 모든 일을 거치면서 이탈리아인들이 들은 말은 중립뿐이었다. 반면에 오스트리아인들은 이탈리아를 동맹국으로 삼지 않겠다고 결심했다.

이러한 상황에서 이탈리아인들은 중립을 지키고 심지어 중재하는 노선으로 나아가는 일을 쉽게 결정했어야만 했다. 그러나 이탈리아인들은 또한 보상을 받아야 한다는 생각에 사로잡혔다. 그들은 행동을 취하지 않고도 이익을 얻기를 바랐다. 삼국동맹을 공개적으로 버리고 반대 진영으로 넘어가기에는 너무 이른 때였다. 따라서 그들은 위기의 시작부터 끝까지 빈과 베를린을 재촉해 자신들이 참전하면 어떤 보상을 받을 수 있을지 확답을 받아놓으려 애썼다. 빈과 베를린은 그러지 않기로 결심했는데 말이다. 이탈리아인들의 외교에 아무런 결실이 없었던 것은 놀랄 일이 아니다. 그들의 외교는 보상을 추구하다가 다음 해에 마침내 참전하게 될 것임을 미리 보여준다는 점에서만 중요성이 있었다.

위기 상황에서 가장 중대한 결정은 영국 정부의 앞에 놓여 있었다. 영국 정부는 대영제국과 유럽의 장래 운명을 결정지었다. 지난 50년 동안 영국인들은 대륙의 사안에 거리를 두는 정책을 따랐다. 치열하고 때로 적대적이었던 대륙 국가들과의 관계는 유럽 바깥의 일들에 의해 형성되었다. 영국이 자신을 거의 구속하는 데까지 가는 일이 있었다. 영국 일반참모부가 영국이 유럽 전쟁에 참전할 경우 영국군을 어떻게 활용할지 프랑스인들과 논의했고, 합의가 도출되었다. 그러나 영국군이 투입되리라는 약속이 없었다. 프랑스와 공식 동맹을 맺었으면 하는 사람들이 특히 보수당원들 가운데 있었다. 영국-프랑스 관계가 이미 너무 가깝다고 생각하는 다른 사람들도 있었다. 특히 급진주의자들 중에 있었다. 정치인들 대다수는 한 발은 들이고 한 발은 빼는 영국의 모호한 입장에 꽤 만족했다.

영국의 정책 결정 방식과 다른 나라의 방식에 눈에 띄는 차이가 있다. 대륙에서는 정책 결정이 개인들의 손에 놓여 있었다. 외상, 통치자, 그리고 어느 정도는 참모총장에게 있었다. 오스트리아-헝가리에서는 베르히톨트와 프란츠 요제프 황제였고, 러시아에서는 사조노프와 차르였으며, 독일에서는 베트만-홀베크와 빌헬름 2세였다. 정책을 결정할 일이 없었던 프랑스에서는 누가 정책을 결정하는지 거의 문제가 되지 않았다. 그러나 정책이 있는 한에서 비비아니가 푸앵카레의 격려를 받아가며 정책을 결정했다. 이 외상들이 다르게 행동했다면 각 나라의 결정도 달라졌을 것이다. 각료회의가 있었던 나라도 있었지만 각료들은 거의 정보를 받지 못했고 의견을 말하는 일도 없었다. 사실상 위기에서 역할이 없었다.

그레이가 영국이 말려들지 않게 하려 애쓰다

영국에서는 정책 결정이 내각 그리고 그 너머 의회에 달려 있었다. 그레이는 독자적 대외 정책을 수행하고 싶어도 그렇게 할 수 없었다. 그는 내각을 이끌고 가야 했다. 각료들 대부분은 유럽 문제에 거의 관심이 없었다. 그들은 영국이 유럽 문제에 관여하지 않기를 요구했는데, 전쟁이 저 멀리 떨어진 발칸 반도의 분쟁으로부터 시작된 것으로 보일 때 더욱 그러했다. 처음 며칠 동안은 그레이도 그들과 생각이 같았다. 사안의 옳고 그름이 무엇이든지 세르비아가 물러나는 것이 마땅하다고 확신했다. 세르비아가 주권에 약간 손상을 입는 것이 유럽 전쟁보다는 나았다. 그레이는 중재에 나설 준비가 되어 있었다. 그러나 위협을 가할 각오는 되어 있지 않았다. 그는 독일에게 프랑스와 러시아를 공격한다면 영국이 참전할 것이라 경고하지 않았다. 프랑스에, 하물며 러시아에도 무분별하게 행동하면 영국은 중립을 지킬 것이라 경고하지 않았다. 그는 양측이 제 맘대로 결정하게 놔두었다. 나중에 그레이는 내각이 자신에게 달리 행동하도록 허용하지 않았을 것이라 항변했다. 진실은 오히려 그레이가 영국이 무엇을 할지, 그레이 자신이 어떤 길을 따를지 알지 못했다는 것이다.

영국인들이 우려하는 것이 하나 있었다. 그들은 벨기에의 중립을 지키기로 약속했고 이를 영국의 핵심 이익으로 여겼다. 그들은 선량한 자유주의자로서 1870년 프로이센-프랑스전쟁 발발 시 글래드스턴[85]이 했던 바를 찾아보았고, 그 선례를 주의 깊게 따랐다. 그리하여 7월 31일 그레이는 프랑스와 독일 모두에

---

85 Gladstone, William Ewart 1809~1898 영국의 정치가. 1832년 토리당 소속으로 하원에 진출했으나 로버트 필(Peel, Robert)과 함께 자유무역을 주창하는 실용적 보수주의 노선을 추구했다. 식민상, 재무상 등으로 일해 명성을 쌓았고 이후 자유당을 이끌며 네 차례 총리가 되었다. 자유무역과 아일랜드 자치, 선거권 확대 등을 위해 노력했다.

벨기에의 중립을 존중하겠다고 약속할 것을 요구했다. 프랑스인들은 즉시 약속했다. 독일인들은 자신들의 작전 계획이 드러나게 할 수 없다고 대답했다. 이는 신경 쓰이는 일이었는데, 곧 걱정하게 될 독일의 벨기에 침공과는 다른 방향에서였다. 전쟁 직전의 몇 년 동안 벨기에는 프랑스나 영국보다 독일과 우호적인 관계에 있었고, 영국인들은 이제 독일인들이 벨기에인들과 타협해 저항 없이 통과할 수 있게 되는 것이 아닐까 염려했다. 하지만 8월 1일 영국인들은 자기들 생각으로는 좋은 소식을 들었다. 벨기에인들이 누가 오든 중립을 지키기로 선언했다는 소식이었다.

독일의 벨기에 침공을 많은 사람들이 예견했다고들 한다. 예를 들어 훗날 영국 정부의 몇몇 인사들은 독일이 벨기에를 침공하면 모든 것이 자명해질 것이라는 신념에서 자신들이 프랑스 지원 의지를 보이지 않았다고 주장했다. 그레이조차도 나중에 이렇게 적고 있다. "내가 할 일이 거의 없었다. 결정은 상황과 사태에 따라 어쩔 수 없이 내려졌다." 무엇이 아니라고 증명하기는 불가능하지 않을지 몰라도 항상 어렵지만, 이는 뒤늦은 깨달음인 것 같다. "이제는 오래전 일이 되어 버린 과거의 사건들이 한때는 미래였음을 잊지 않고 기억하기란 매우 힘들다."라는 메이틀런드[86]의 금언을 설명하는 데 이보다 더 좋은 예가 없다. 벨

---

86 Maitland, Frederic William 1850~1906 영국의
법사학자. 영국 법제사를 연구해 중요한 업적들을 내
놓았으며 문서 편집과 발간에도 노력을 기울였다.

기에에 대한 전면 침공은 실제로 일어나기 전에는 상상할 수 없는 일이었다. 영국군과 프랑스군 참모들은 프랑스 방어를 논의했지 벨기에 방어를 논의하지 않았다. 그들이 짠 군사계획은 벨기에 방어에 완전히 부적합했다. 영국군 참모들은 민간 정치인들에 많은 것을 감추었지만 이 일에 있어서만큼은 감출 것이 아무것도 없었다. 그들은 독일의 벨기에 침공을 예상하지 못했고 이에 대비하지 못했다.

프랑스인들이 독일의 벨기에 침공을 예견했지만 영국이 깜짝 놀라 참전하리라는 바람에서 이를 감추었다고 생각할 수도 있다. 그러나 이도 사실이 아니다. 물론 프랑스의 군사 전문가들은 독일인들이 아헨에 열차를 분리, 재편하는 조차장을 확대하고 아헨부터 벨기에 국경까지 철도 노선의 수를 크게 늘렸음을 알았다. 그러나 민간인이 된 지 수년이 지난 예비군들이 징집되어 전투부대에서 싸울 수 있다고는 믿지 않았다. 따라서 그들은 서부전선의 독일군 최고사령부가 운용할 수 있는 병력의 수를 매우 과소평가했고, 예측이라고 해 봤자 기껏해야 독일군이 룩셈부르크를 지나는 지름길을 통과하리라 생각했다. 프랑스군 최고사령관 조프르는 이에 대비했을 뿐 아니라 승리의 가능성이 커진다고 생각해 이렇게 되길 사실 바랐다. 프랑스인들이 다가

올 벨기에 침공에 대해 생각하지 않았다는 분명한 증거가 있다. 그들은 영국의 참전을 간절히 호소하면서 특히 영국이 명예롭게 약속을 해야 한다는 주장을 포함해 생각할 수 있는 주장을 모두 동원했는데, 벨기에가 위험에 처했다고 주장할 생각은 하지 못했다.

영국이 안전해 보이다

그리하여 8월 1일 첫 번째 전쟁 선포가 내려져 전 유럽이 깜짝 놀랐을 때도 영국은 여전히 몇 걸음 떨어져 아무 일도 없는 것처럼 보였다. 자유당 내각 거의 절반이 참전에 반대했고, 그레이도 이를 제안하지 않았다. 가장 호전적이었던 각료 처칠은 보수당 지도자들에게 내각이 곧 깨질 것 같다고 메시지를 보냈다. 그는 즉시 연립 내각 구성을 준비하기를 원했다. 보수당 당수 보너 로[87]는 처칠에게 관심이 없었고 답신을 주지 않았다. 대신에 그는 다음 날 애스퀴스[88]에게 프랑스와 러시아를 지원하라고 촉구하는 편지를 보냈다. 당시 분위기에서 이 편지를 보낸 것은 어떤 행동을 이끌어내려는 의도보다 정부를 난처하게 하려는 의도에서였다.

---

87 Law, Andrew Bonar 1858~1923 영국의 정치가. 1911년 밸푸어의 후임으로 보수당 당수가 된 뒤 애스퀴스의 연립내각에서 식민상으로, 로이드 조지의 전시 내각에서 재무상으로 일했다. 1922년 10월에 로이드 조지를 실각시키고 보수당 단독 내각을 탄생시켰으나 이듬해 5월에 건강을 이유로 사임했다.

88 Asquith, Herbert Henry 1852~1928 영국의 정치가. 자유당원으로 1908년부터 1916년까지 수상을 맡았다. 1886년 의회에 진출해 1892년에는 글래드스턴 내각에 내무상으로 발탁되어 각료 생활을 시작했고, 1905년에는 재무상이 되어 노령연금제도를 도입했다. 1908년부터 1916년까지 수상으로 있으면서 1911년에는 상원의 권한을 제한해 하원의 예산과 입법 결정에 관한 거부권을 폐지하는 의회법을 통과시켰고, 1916년 12월 로이드 조지에게 수상직을 넘겨줄 때까지 제1차 세계대전을 수행했다.

8월 2일 일요일 아침 내각 각료들이 모였을 때 평화주의자들의 지도자인 존 몰리[89]는 들떠 있었고 확신에 차 있었다. 그가 처칠에게 말했다. "윈스턴, 결국 우리가 당신을 이겼소." 몰리는 명예를 지키면서도 전쟁을 피할 수 있는 정책을 생각하고 있었다. 프랑스인들이 영국 해협에서 자신들을 영국인들이 보호해 줄 것이라고 확신하며 함대를 지중해로 이동했노라고 계속 호소하고 있었다. 몰리는 그렇게 하자고 제안했다. 독일 함대가 영국 해협으로 들어와 프랑스 선박이나 항구를 공격하는 것을 허용하지 않겠다는 영국의 경고일 터였다. 이렇게 하면 프랑스에 대한 명예로운 약속이 이행되는 것이고, 영국은 바로 문 앞에서 해상 교전이 벌어지는 것을 피할 수 있을 것이었다. 이 방법으로 그레이의 무력 개입 정책과 반대되는, 몰리가 "외교적 추진력과 무장 중립"이라고 부른 길로 나아갈 수 있을 것이었다. 내각은 몰리의 제안을 받아들였다. 훗날 이것은 프랑스를 지원하는 첫걸음으로 비쳤고, 그 의의가 이해되지 못했다. 그러나 바로 당시에는 반대 방향으로 나아가는 조치로 보였다. 영국 해협에서 자신들의 함대를 위험에 빠뜨리고 싶지 않았던 독일인들은 도버 해협을 지나지 않겠다고 즉시 약속했다. 그리고 영국이 중립을 지켜야 한다는 조건을 붙였다. 영국인들은 받아들이지 않았다. 그렇지만

---

89 Morley, John 1838~1923 영국의 정치가. 1883년에 글래드스턴의 지지자로 하원에 들어가 아일랜드와 인도 장관을 지냈다. 1910년에 추밀원 의장이 되었으나 1914년 영국의 제1차 세계대전 참전을 반대해 사임했다.

영국은 또 다른 명예로운 약속에 연루되어 갔다. 이번에는 독일이 상대였다.

저녁 6시 30분 영국 내각이 다시 모였다. 독일군이 룩셈부르크에 진입하고 있다는 보고가 들어왔다. 사실이었다. 룩셈부르크의 중립에 대한 영국의 약속은 모호하고 부정확했다. 행동의 목적도 정당화할 근거도 없었다. 그러나 독일군의 이동으로 인해 벨기에의 가장자리로 독일군이 지나갈 것이라는 두려움이 커졌다. 그럴 경우 영국은 어떻게 해야 하는가? 내각은 다시 한 번 1870년의 선례에 주의를 기울였다. 그때 글래드스턴 내각은 "벨기에의 중립에 대한 중대한 침해가 있다면 행동을 취하지 않을 수 없을 것이다."라고 결정을 내렸다. 1914년 8월 2일의 내각도 똑같은 결정을 내렸다. 훗날 전쟁으로 나아가는 한 걸음으로 보였던 이번 결정 또한 사실은 평화를 지키기 위한 대책이었다. 벨기에의 가장자리로 통과하는 일은 벨기에의 중립에 대한 중대한 침해가 아닌 것으로 제시될 수 있었고, 사실 영국인들은 모르고 있었지만 벨기에의 일부 각료들은 실제로 독일인들이 침입한 곳에서만 대항하고 그 지역 외에 나라 전체는 중립을 유지하는 방안을 만지작거리고 있었다.

그러나 영국 내각이 모인 바로 그때 브뤼셀에서 벌어진

평화로운 사회가 종이쪽지 하나를 지키기 위한 결의로 인해 전쟁으로 빠져들었다.

❶ 질서정연한 자유. 전쟁 발발 직전 일요일에 스카버러(영국 잉글랜드 노스 요크서 지방의 해변 휴양 도시로 19세기 중반에 철도가 생기고 많은 관광객이 방문했다.)에서 예배를 마치고 해변 산책로를 따라 걷는 사람들의 행렬

❷ 고삐 풀린 방종. 1914년 여름 웨이브릿지(런던 근교 서리 지방의 도시로 웨이 강이 템즈 강으로 합류하는 곳이다.)에서 남녀가 함께 함께 수영을 즐기는 장면

❸ 종이쪽지 하나

일로 이렇게 미세한 부분까지 고려해 계산한 것들이 소용이 없
게 되어버렸다. 벨기에인들은 8월 1일 동원을 개시했었다. 그들
은 독일 국경뿐 아니라 프랑스 국경에도 병력을 배치했고, 자신
들이 작은 중립국으로서 강대국들의 충돌을 피해가리라는 생각
에 흐뭇해하면서 8월 2일 일요일을 휴일 분위기로 보내고 있었
다. 저녁 6시 30분 브뤼셀 주재 독일 공사가 외상을 만나고 싶다
는 메시지를 보내왔다. 공사는 오후 7시에 도착했는데 얼굴이 창
백했고 몸을 떨고 있었다. 벨기에 외상이 말했다. "어디 몸이 좋
지 않습니까?" 독일 공사가 답했다. "층계를 너무 빨리 올라온
모양입니다." 그러고 나서 그는 벨기에를 통과해 진군하게 해달
라는 독일의 요구를 소리 내어 읽었고 12시간 안에 회답해야 한
다고 말했다. 메시지를 적은 종이가 그의 손에서 바닥으로 떨어
졌다. 벨기에 외상이 말했다. "아니, 아니, 그것은 불가능합니다."

밤 9시 벨기에 내각이 모여 다음 날 새벽 2시 반까지 밤
새 논의했다. 그들은 독일의 요구를 거절하고 중립을 지키기로
결정했다. 그러나 그들은 여전히 중립의 관점에서 독일인들이
굳센 저항에 부딪히면 주저하리라 생각했다. 그들은 또한 위기
중에 다른 지도자들도 그랬듯이 외교가 작동할 시간이 충분히
있다고 생각했다. 따라서 다른 국가들에 지원을 요청하지 않았

다. 오히려 프랑스 병사가 한 명이라도 국경을 넘으면 발포하라고 군에 명령을 내렸다. 국왕 알베르 1세[90]가 조지 5세[91]에게 간청한 것은 "외교적 지원"이었다.

　　다음 날은 공휴일이었는데 아침에 영국 내각이 다시 모였다. 내각은 그날 오후 그레이가 하원에서 발표할 연설문 초안을 승인했다. 당황스러운 일이 하나 벌어졌다. 그레이는 영국 해협에 독일 함대가 들어오지 못하게 하는 전날의 결정에 대해 프랑스인들에게는 이야기하고 독일인들에게는 하지 않았다. 어쩌면 그레이는 독일인들이 영국 해협에 들어와 영국의 개입을 촉발하기를 결과적으로 바라고 있었던 것인지도 모른다. 애스퀴스가 그날 저녁 무심코 독일 대사에게 이야기를 누설하는 바람에 그레이의 작전을 망쳤다. 하지만 전혀 소용없는 일이 되어버렸다. 내각이 회의를 하는 동안 독일이 벨기에에 최후통첩을 보냈다는 소식이 전해졌다. 몰리는 모든 것이 허사가 되었다고 생각해 절망에 빠져 사임했다. 내각의 나머지 각료들은 그레이의 연설문 초안에 벨기에에 관한 내용을 추가해야 한다는 데 생각을 같이 했다. 공휴일에 밖으로 나온 군중들에 고무된 로이드 조지는 이제 단호함에서 그 누구에 뒤지지 않았다.

90　Albert I 1875~1934 벨기에의 국왕. 1909년 즉위했다. 제1차 세계대전 시 독일의 벨기에 통과 요구를 거절했고, 독일의 침입으로 영토의 대부분을 빼앗겼으나 남은 지역에서 벨기에군을 이끌고 싸웠다.
91　George V 1865~1936 영국의 국왕. 1910년 부친 에드워드 7세의 뒤를 이어 국왕이 되었고 제1차 세계대전 때 프랑스 전선을 수차례 방문해 영국군을 격려했다.

오후에 그레이가 하원에서 연설을 했다. 연설의 대부분은 자신이 이전에 프랑스와의 관계를 다뤄왔던 일에 대해 장황하게 변호하는 것이었다. 근거가 빈약했고 변명조였다. 그는 여전히 어떻게 할지 제안하지 못하고 다른 이들이 정책을 결정해주길 요청했다. "모든 사람이 자기 마음에 귀를 기울이고 감정을 들여다보며 자기 의무가 어디까지인지 스스로 생각해내도록 합시다." 의원들은 당황했고 불만스러웠다. 그레이는 연설의 마지막에 이르러 벨기에에 관한 소식을 전했다. 여전히 무슨 말인지 불명확했다. 야당은 목소리를 높였지만 말꼬리를 흐렸다. 의원들이 퇴장했다. 그들 다수가 전쟁 없이 벨기에를 구할 수 있기를 꿈꿨다.

그레이도 이들과 함께 이 헛된 꿈을 꾸고 있는 것이 분명해 보였다. 처칠이 묘사한 바에 따르면, 의사당에서 나올 때 처칠이 "이제 어떻게 합니까?"라고 물었고 그레이는 "이제 독일에 24시간 안에 벨기에 침공을 중지하라고 최후통첩을 보내야 할 겁니다."라고 대답했다. 이 대화는 나중에 꾸며진 이야기처럼 들린다. 어쨌거나 그런 일은 일어나지 않았다. 저녁에 내각이 모였고 독일에게 벨기에의 중립을 존중하겠다고 보장할 것을 요구하

자신들의 나라를 지키러 온 영국 원정군 선발대를 환영하는 프랑스 민간인들. 영국 원정군이 도착했을 때는 프랑스군이 독일군에 밀려 총퇴각을 하려던 참이었다.

기로 결의했다. 전쟁 위협도 아니었고, 언제까지 답하라는 시한
도 없었다. 영국 내각은 전쟁을 하겠다는 어떤 결정도 내리지 않
았다.

　　그레이는 여전히 서두를 필요가 없다고 생각했다. 어쩌
면 그가 상황이 정해주는 대로 따라간 또 하나의 경우인지 모르
겠다. 내각 회의 후에 그는 저녁을 먹고 잠자리에 들었다. 독일
에 보내는 정중한 요구는 다음 날 아침 9시 30분까지도 발송되
지 않고 있었다. 그때는 이미 소용이 없었다. 오전 8시에 독일군
선두부대들이 벨기에 국경을 넘었다. 이 소식을 전하는 뉴스 보
도가 정오에 런던에 알려졌다. 여전히 벨기에로부터 지원 요청
이 없었다. (8월 5일 오전 12시 50분에야 런던에 전달되었는데, 영국이 독일에
전쟁을 선포한 지 거의 두 시간이 지나서였다). 그레이는 이번에도 내각에
의견을 구하지 않았다. 애스퀴스에게 의견을 물었는지는 모르겠
다. 국왕은 보고를 받지 못했다. 사실상 그레이가 단독으로 행동
했다.

　　8월 4일 오후 2시 그는 독일에 최후통첩을 급히 발송했
다. 독일인들은 다시 한번 벨기에의 중립을 존중하겠다고 보장
하라는 요구를 받았다. 만족스러운 대답이 "이곳에 밤 12시까지"
도달해야 했다. 요구는 물론 거절당했다. 영국 대사 고션[92]이 오

92　Goschen, William Edward, 1st Baronet
1847~1924 영국의 외교관. 1869년 외무성에 들어가
주세르비아 대사, 주덴마크 대사, 주오스트리아-헝가
리 대사를 거쳐 1908년부터 1914년까지 베를린 주재
대사로 제1차 세계대전을 맞았다.

후 7시에 베트만-홀베크를 만났다. 베트만-홀베크는 영국은 "고 작 종이쪽지 하나 때문에" 전쟁을 하려 한다고 말했다.

그가 정확히 이 단어들을 써서 말했을까? 결코 알 수 없을 것이다. 물어보고 싶어도 베트만-홀베크와 고션 둘 다 이 세상에 없기 때문이다. 베트만-홀베크가 독일어로 말했는지 영어로 말했는지도 모른다. 아마도 독일어였을 것이다. 그러나 우리는 그 단어들이 고션의 머릿속에서 이미 맴돌고 있었음을 안다. 이 주일 전에 베를린 주재 영국 대사관에서 몇몇 사람들을 위한 연극 공연이 있었다. 사르두[93]의 작품이었는데 제목이 〈종이쪽지 하나〉였다. 고션은 눈물을 쏟았고 전시 통행증을 요청했다.

"모든 게 끝이오"

런던에서는 애스퀴스가 하원에서 최후통첩의 발송을 알렸다. 그가 수상의 전용실에 들어오자 거기 있던 그의 부인이 물었다. "이제 모든 게 끝난 건가요?" 그는 "그렇소. 모든 게 끝이오."라고 대답하며 역시 눈물을 쏟았다. 하지만 겉으로 보기에 영국 각료들은 모든 게 끝났다고 아직 믿지 않았다. 애스퀴스, 그레이, 로이드 조지 그리고 그 밖의 사람들이 내각실에 모여 결코

---

93 Sardou, Victorien 1831~1908 프랑스의 극작가. 당대에 이름을 날린 희곡 작가로, 그의 작품 〈라 토스카(La Tosca)〉, 〈페도라(Fedora)〉 등은 이탈리아 작곡가 푸치니(Puccini, Giacomo)와 조르다노(Giordano, Umberto)가 작곡한 오페라로도 성공을 거두었다.

오지 않을 독일의 답을 기다렸다. 누군가 이 긴장된 시간을 줄이려는 멋진 생각을 떠올렸다. 독일은 그리니치표준시보다 1시간 빨리 가는 중앙유럽표준시를 사용했다. (이때는 아직 서머타임이 생겨나기 전이라 혼동되는 일은 없었다.) 따라서 베를린의 자정은 런던의 오후 11시였고, 영국이 보낸 최후통첩의 시한이 그때 종료되는 것으로 생각할 수 있었다. 그러나 최후통첩의 문안에 부합하는 생각은 아니었다. 최후통첩에는 답이 이곳, 즉 런던에 자정까지 도달하기를 요구했다. 독일인들이 끝에 가서 긍정적인 답을 주면 어쩌나 하고 누군가 염려했을까? 잠자러 가기 위한 기발한 생각이었을까? 아니면 위기의 처음부터 끝까지 두드러졌던 이유 없는 성급함을 보여준 또 다른 예였을 뿐일까? 알 수 없다.

밤 10시 15분 국왕이 버킹엄궁에서 자문회의를 열었다. 건설장관과 법원 관리 두 명이 참석했다. 밤 11시 추밀원이 독일과 전쟁 상태로 들어감을 승인했다. 영국이 전쟁을 시작하는 데 필요한 절차였다. 뒤죽박죽 혼란의 마지막 에피소드로 잘못된 전쟁 선포가 독일 대사에게 전달되었다. 한 언론사가 독일이 영국에 전쟁을 선포했다고 보도했고, 이에 대응하는 선전포고가 즉시 독일 대사에게 보내졌던 것이다. 그리고 나서 독일의 선전포고가 잘못된 소식임이 드러났다. 외무성의 한 직원이 독일 대

독일의 어느 시사만평가가 자신의 나라를 전쟁으로 끌고 들어간 두 사람을 비난하며 "전범"으로 묘사하고 있다.

❶, ❷ 그레이. 독일인들은 영국이 개입하게 된 책임이 그에게 있다고 비난했다.

❸, ❹ 프린치프

사관까지 뛰어가 대사가 열어보지 않은 선전포고를 회수해왔다. 그 직원은 제대로 된 선전포고를 대신 전달했는데 최후통첩에 독일이 답하지 않았음을 내세웠다. 그때가 11시였다. 바로 그때 처칠은 내각실을 나와 해군성으로 향했고, 모든 군함에 급히 전신을 보냈다. "독일과의 전쟁 개시."

이론상 영국 해군이 전쟁을 시작하는 것은 쉬웠다. 항구를 떠나 있는 독일 군함이 매우 적음을 감안하면 실제로는 그렇게까지 쉬운 일은 아니었다. 하지만 영국인들이 그 밖에 무슨 일을 해야 할까? 다른 모든 나라는 위기 중의 외교가 시작되기 전에 상세한 전쟁 계획을 세워 놓았고 전쟁 계획에 따라 일이 돌아갔다. 반면에 영국은 전쟁을 할지 안 할지를 먼저 결정하고 어떤 행동을 할지는 이후에 정했다. 내각은 8월 3일 원정군의 동원을 승인했다. 원정군을 어디로 파견할지는 정하지 않았다. 어디론가 가야겠지만 말이다. 8월 5일 전쟁상 대행 애스퀴스가 전쟁위원회를 소집했다. 여기에 참석한 민간인은 그레이, 홀데인[94], 그리고 처칠이었다. 군인들로는 애스퀴스가 마음대로 할 수 있는 모든 이름난 장군들이 왔다.

논의는 산만했고 제대로 된 정보 없이 이루어졌다. 영국은 벨기에의 중립을 위해 참전해야 했다. 벨기에의 중립을 어떻

---

94 Haldane, Richard Burdon 1856~1928 영국의 정치가. 법률가로 경력을 시작해 1885년 하원에 들어갔고 1905년부터 1912년까지 전쟁상을 맡아 군 조직 정비를 이끌었다. 대법관을 역임했다.

게 확보할 수 있을 것인가? 가장 선임인 장군 로버츠 경[95]이 원정군이 안트베르펜으로 갈 것을 제안했다. 도버 해협 동쪽의 안전 통항을 해군이 보장할 수 없다고 처칠이 답했다. 원정군을 지휘하게 된 존 프렌치 경은 원정군이 해협을 건너 먼저 르아브르로 가서 거기서 결정하면 어떨까 생각했다. 안트베르펜일 수도 아미앵일 수도 있었다. 더글러스 헤이그 경[96]은 정규군이 더 앞을 내다보고 국내에 머무르며 대중으로 이루어진 군대를 훈련시켜야 한다고 생각했다. 전쟁성에서 군사작전을 담당하던 헨리 윌슨 경[97]이 참지 못하고 끼어들었다. 그는 선택의 여지가 없다고 말했다. 원정군은 벨기에인들을 도울 수 없고, 프랑스의 왼쪽 측면에 할당된 장소에 갈 수 있을 뿐이었다. 조차장이 마련되어 있고 트럭을 사용할 수 있으며 통신선이 준비되어 있는 곳이었다. 모뵈주였다. 다른 곳은 없었다.

8월 6일 내각은 원정군을 아미앵으로 보내기로 결정했다. 아무도 주의를 기울이지 않았다. 시간표가 모뵈주라고 말했다. 모뵈주로 원정군이 가게 되었다. 이렇게 갑작스럽게 영국은 대륙 국가가 되어 대륙 전쟁에 들어가게 되었다.

---

95 Roberts, Frederick Sleigh, 1st Earl Roberts 1832~1914 영국의 육군 원수. 아프가니스탄, 남아프리카 등지에서 공을 세우고 1895년 원수가 되었다. 제1차 세계대전이 발발한 후 프랑스 생토메르에 방문했다가 폐렴을 얻어 사망했다.

96 Haig, Douglas, 1st Earl Haig 1861~1928 영국의 육군 원수. 제1차 세계대전에서 영국 원정군 제1군단을 이끌었고 1915년 12월부터 존 프렌치에 이어 프랑스 주둔 영국군의 총사령관을 맡아 전쟁을 이끌었다. 무모한 공세로 1916년 솜므 전투, 1917년 제3차 이프르 전투 등에서 수많은 사상자를 냈다.

97 Wilson, Henry Hughes, Baronet 1864~1922

영국의 육군 원수. 제1차 세계대전 전에 전쟁성의 군사작전 담당으로 영국의 프랑스 지원 계획을 수립했다. 참모차장 자격으로 서부전선에 파견되어 프랑스군과 협력했고 제4군단을 지휘하기도 했다. 1918년 2월 제국 총참모장이 되어 1922년까지 자리에 있었다.

제 6 장

종착점에

다다르다

육군성 밖에서 가두행진을 하는 어린 신병들

1914년 7월 마지막 날 유럽 전역에서 국제선 급행열차가 운행을 멈췄다. 앞으로 6년 동안은 다시 운행하지 못할 것이었고, 거칠 것이 없던 그 옛 영광을 다시는 되찾지 못할 것이었다. 군용열차가 그 자리를 대신했다. 8월 4일이 되자 이탈리아를 제외한 유럽 강대국들이 전쟁에 있게 되었다. 그러나 모든 나라가 서로에 대해 전쟁을 하는 것은 아니었다. 프랑스, 독일, 러시아, 그리고 영국이 전쟁에 들어왔는데 오스트리아로부터 시작된 분쟁 때문이었다. 그런데 각국이 서로 전쟁을 하게 되었을 때, 모든 일의 근원인 오스트리아-헝가리는 세르비아를 제외하면 어느 나라와도 전쟁을 하지 않고 있었다. 베르히톨트는 무슨 일이 일어나기를 계속해서 바랐다. 독일이 동원한 후에도 그는 계속해서 외교적 해결을 말했다. 독일인들이 러시아에 전쟁을 선포했을 때 베르히톨트는 이를 동원을 지체하는 구실로 삼았다. 오스트리아-헝가리는 러시아가 독일을 공격할 때만 독일을 지원한다고 약속했지 반대로 독일이 러시아를 공격할 때는 아니었다. 한편 콘라트는 선전포고를 하지 않고 시간을 쓰면 자신의 동원 계획이 더 쉽게 진행될 수 있으리라 생각했다. 독일인들은 인내심을 잃었다. 그들은 오스트리아-헝가리를 위해 전쟁에 참여했다. 그런데 오스트리아-헝가리는 심지어 문서상으로도 아무런 행동도 하지 않고 있었다.

8월 6일 마침내 베르히톨트가 상트페테르부르크에 선전 포고를 급히 발송했다. 사실과 상당히 다른데 러시아가 "독일에 대한 적대 행위 개시"를 결정했다고 주장했다. 이때 반대편은 쭈뼛거리며 멈추어 섰다. 프랑스나 영국이나 오스트리아-헝가리에 맞서 전쟁을 하고 싶어 하지 않았고, 해군의 아드리아해 봉쇄 말고는 오스트리아-헝가리에 대한 전쟁을 수행할 실제적인 수단을 가지고 있지도 않았다. 오스트리아-헝가리가 러시아에 전쟁을 선포하자마자 프랑스는 법적으로는 프랑스-러시아 동맹에 따라 참전하도록 되어 있었다. 하지만 프랑스 정치가들은 좌익의 의견을 따르기 위해 동맹 조항을 발동하기를 바라지 않았다. 동맹의 의무에 대해서 영국 정치가들은 물론 더 냉담했다. 그리하여 프랑스인들은 오스트리아군이 서부전선으로 병력을 보냈다는 이야기를 지어냈고, 8월 12일 이를 구실로 오스트리아-헝가리에 전쟁을 선포했다. 영국 정부가 뒤따라 즉시 전쟁을 선포했는데, 프랑스인들이 먼저 선전포고를 했기 때문에 이들도 했을 뿐이었다. 영국과 프랑스 외교관들은 모두 여전히 오스트리아-헝가리와의 우호관계를 주장했다. 그들은 연합국이 전쟁이 끝나기 전에 오스트리아-헝가리의 분할을 주요한 전쟁 목적으로 삼게 될 것임을 거의 내다보지 못했다. 기록을 정리하면, 오스트리아-헝가리는 8월 29일 벨기에가 "프랑스와 영국에 군사 협력을 제공하고 있다."며 전쟁을 선포했다. 역시 거짓 주장이었다.

룩셈부르크는 자신의 영토를 독일이 침범했지만 참전하지 않았다. 루마니아는 오스트리아-헝가리 그리고 독일과의 동맹에 구속 요건이 있었음에도 참전하지 않았다. 몬테네그로는 세르비아를 도우러 오스트리아-헝가리에 대한 전쟁에 나섰는데, 몬테네그로의 통치자 니콜라 공[98]은 세르비아인들이 승리하면—세르비아인들이 패배할 경우에도 물론 마찬가지로—자신이 왕위를 잃을 것을 알면서도 그랬다. 국민들이 전쟁을 통해 끝없는 욕망을 채우기를 위해 그는 선택의 여지가 없었다. 터키인들은 나중에 제2차 세계대전에서 그랬던 것처럼 중립을 택할 수도 있었을 것이다. 그러나 왜 그랬는지 모를 어리석음과 잘못된 판단으로 독일과의 동맹에 자신을 묶어버렸고 그리하여 자신들의 오랜 제국이 삼국협상 국가들의 손에 분할당하는 또 다른 경우가 되었다. 포르투갈은 영국과의 동맹의 의무를 지키기를 바랐지만 영국인들이 허락지 않았고, 중립을 선언하지 않는 데 만족했다. 일본인들도 영국과의 동맹의 의무를 지켰다. 자신들에게 유리하도록 했지만 말이다. 그들은 독일이 극동 수역에서 나갈

---

98 Nikola Petrović 1841~1921 몬테네그로 공국의 군주(1860~1910)이며 몬테네그로 왕국의 국왕(1910~1918). 암살당한 다닐로 공(Danilo Petrović Njegoš)의 조카로 공국을 물려받아 오스만제국과 싸워 영토를 넓히고 1878년 베를린 회의에서 독립을 인정받았다. 딸들을 이탈리아의 비토리오 에마누엘레 3세(Vittorio Emanuele III), 세르비아의 페타르 1세(Petar I)와 결혼시키는 등 외교적 노력도 기울였다. 1916년 오스트리아-헝가리에 패배해 이탈리아로 피신했고 1918년 세르비아가 몬테네그로로 들어옴과 동시에 폐위되었다.

슐리펜 백작, 죽은 그의 손가락이 전쟁 시작 버튼 위에 있었다.

슐리펜이 원래 구상한 계획. 20년 넘게 독일 일반참모부의 생각을 지배했다.

목표
① 22일 후 ② 31일 후 ③ 우아즈 강 대기선

소(小)몰트케가 1914년에 계획을 빌려다 썼을 때 그는 계획의 본질을 이해하지 못했다. 그의 군대는 프랑스인들을 끝장내기 위해 파리 동쪽으로 돌아 들어갔기에 파리 수비대의 공격에 측면을 내주었다.

〰〰〰 1914년 9월 5일 독일의 최종 진격선

◀◀◀ 독일의 진격

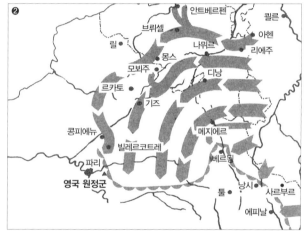

독일 서부 국경 지역의 철도망. 아헨에 여러 방향의 철도가 교차하고 있어 동원이 시작되자마자 독일인들이 이 교차점을 지나 국경 너머로 군대를 투입할 수밖에 없었음을 알 수 있다.

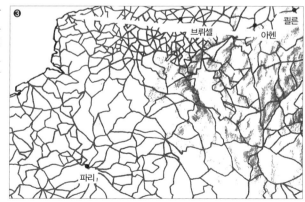

것과 자오저우만의 조차지^{租借地}를 넘길 것을 요구했다. 독일인들은 대답하지 않았고 일본은 8월 23일 전쟁을 선포했다. 그 밖의 다른 나라들은 중립을 지켰다. 몇 나라는 선의에서 그렇게 했다. 몇 나라는 전쟁 내내 중립을 지켰다.

각국이 품어온 전쟁 계획은 의도한 대로 신속하고 결정적인 승리를 가져오지 못했다. 프랑스의 계획은 거의 재앙을 가져왔다. 독일인들이 아니라 프랑스인들에게 말이다. 프랑스군은 대단히 효율적으로 동원되어 독일 국경에 집결했다. 그러고 나서는 독일군 방어선을 따라 어느 곳보다 단단히 방비를 갖춘 진지들을 향해 돌진했다. 전략이나 전술적 배치에 관해 어떤 시도도 하지 않았다. 제1차 세계대전 중에 벌어졌던 대량 살상 가운데 가장 잘 알려지지 않았지만 최악의 참사였다. 아이러니하게도 프랑스군이 괴멸을 면하도록 한 것은 슐리펜 계획이었다. 프랑스군 좌익에 대한 독일의 위협이 커짐에 따라 조프르는 로렌에서의 무의미한 공격을 결국 그만둘 수밖에 없었다. 대신에 그는 의지와는 매우 다르게 마른강 전투에서 이겼다.

독일이 벨기에를 통과해 프랑스 북부로 진격한 것은 20세기 초에 이해되었던 데 따르면 용병술의 가장 완벽한 실행이었다. 독일군은 거의 아무런 문제 없이 착착 이동했다. 동원 시간

미쳐버린 세계에서의 행복

그리하여 시간표가 모든 것을 압도했다. 전 유럽에 걸쳐 남자들이 승리를 거두며 적국의 수도에 이를 때까지 끝나지 않을 여정의 첫발을 내딛었다. 각국 사람들은 전장에 나가보지 않은 이 대규모의 군대와 현실과 동떨어진 탁상에서 마련된 계획이 실전에서는 확실히 성공을 거둘 것이라고 믿었다. 모든 나라에 전사들이 넘쳐났고, 모든 장군은 천재적이었고, 승리가 확실했다. 전쟁은 한곳에서 벌어지는 대규모 전투로 결판이 날 것이었고, 크리스마스까지는 모든 것이 종료될 것이었다. 그러나 안타깝게도 시간표가 이렇게 맞지 않은 적이 없었다. 전쟁터로 나간 남자들에게 영광스러운 승리란 없었다. 부상당하거나 전사하거나 적어도 참호 속에서 4년 넘게 견뎌야 했다. 흥분에 들떠 전선으로 향하던 개전 초 며칠 동안 병사들은 웃고 농담하고 객차 바깥벽에 분필로 유쾌한 내용의 낙서를 남기며 아리따운 여성들에게 손을 흔들었다.

베를린을 향해 떠나는 프랑스군

파리로 향하는 독일군

표는 분 단위로 정확히 맞아떨어졌다. 심지어 독일인들이 적국 영토로 건너갔을 때까지도 그랬다. 그러나 결정적 승리는 얻지 못했다. 독일의 기동력은 강한 저항에 부딪히기도 전에 감소하고 있었다. 독일군이 진짜 전투다운 전투에 맞닥뜨렸을 때는 거의 한 달을 행군해온 뒤였다. 종종 하루에 40마일을 행군했다. 이런 육체적 피로는 슐리펜이 고려하지 못한 문제였다. 그의 놀라운 계획이 무너진 데는 두 가지 이유가 있었다. 조프르가 이끄는 프랑스군은 즉각적으로 앞을 가로막았고, 갈리에니[99]가 지휘하는 프랑스군은 독일의 오른쪽 측면을 위협했다. 독일의 기동작전은 실패로 돌아갔다. 기동작전이 늘 그렇듯 실패한 후 완전히 버려졌다.

영국군이 프랑스군 좌익에 배치되는 과정 역시 착착 훌륭하게 진행되었다. 원정군이 계획에 따라 모뵈주에 도착했다. 프랑스 방어선의 조용한 지역에 자리를 먼저 잡는 대신 벨기에를 일소하며 지나가는 독일군을 찾는 데 진력하게 되었다. 영국인들은 호되게 내동댕이쳐졌다. 그러고 나서 다소 조심하면서 마른강 전투에서 제 역할을 했다. 하지만 영국군은 이제 프랑스 전선에 깊이 박혀버렸다. 독일 후방으로 상륙하는 것이 더 효과적일 수도 있었을 것이다. 어쩌면 일단 독일인들과 프랑스인들이

---

99 Gallieni, Joseph 1849~1916 프랑스의 장군. 프랑스의 식민지 공략과 운영에 기여했으며, 제1차 세계대전 발발 직전 복귀해 파리 방위군 사령관을 맡았다. 마른강 전투에서 독일군을 저지해 공을 세웠고 1915년 10월 육군상이 되었으나 건강 문제로 1916년 3월 물러났다.

서로 싸우다가 교착상태에 이르렀을 때 몰리가 주장한 "무장 중
립"이 더욱 결정적 효과를 낳을 수 있었을 것이다. 물론 영국의
또 다른 동원이 있었다. 영국 대함대가 스캐퍼 플로에서 조직되
었다. 그러나 아마겟돈은 벌어지지 않았다. 오히려 독일 잠수함
의 잠망경이 목격되었다는 확인되지 않은 경보로 대함대가 스캐
퍼 플로를 버리고 아일랜드 서쪽 외진 만을 찾아 피했다. 수개월
동안 영국과 영국 해협은 넬슨[100] 제독이 날렸던 명성의 그림자
로 지켜졌을 뿐이었다. 그런데 효과는 있었다.

　　강대국들은 신속한 승리를 얻고자 전쟁에 뛰어들었다. 그
리고 이후로 4년 동안 계속해서 이 잘못된 희망을 좇았다. 나중
에 사람들은 지금까지도 여전히 그러듯이 뒤를 돌아보면서 어
떻게 해야 그들의 바람대로 될 수 있었을지 궁금해 했다. 전범으
로 지목된 이들이 있었다. 연합국은 빌헬름 황제에게 책임을 묻
기를 원했다. 이는 아이러니하게도 이치에서 벗어나는 일이었다.
기록이 보여주는바 빌헬름 2세는 전쟁을 피하기 위해 지속적이
고 건설적인 시도를 했던 몇 안 되는 사람들 중 하나였다. 베트
만-홀베크에게 더 큰 책임이 있었으나 훨씬 나은 처지가 되었다.
불쌍한 니콜라이 2세도 많은 비난을 받았다. 부분적으로는 이
미 볼셰비키에게 처형을 당했기 때문이기도 하다. 그럼에도 만

---

100 Nelson, Horatio 1758~1805 영국의 해군 제독.
프랑스혁명전쟁 중에 지중해 함대 사령관을 맡아 트
라팔가르 해전을 승리로 이끌었다.

이탈리아의 무장 중립. 이탈리아는 삼국동맹의 의무를 이행하지 않았는데 무척 골치 아픈 경험이었다.

약 일이 유럽의 군주들에게 맡겨졌다면 전쟁은 결코 없었을 것이다. 소위 "군국주의 군주"들은 온화하고 선의를 가진 이들이었다. 불행하게도 20세기에 군주들은 정치가들이 말한 바를 행하는 것이 자신들의 의무라 생각했다.

대중들의 전쟁 요구는 없었다

어떤 이들은 정반대의 설명을 내놓았다. 전쟁을 유럽 국민들의 탓으로 돌리는 견해였다. 환호하는 대중이 정치가들에게 선택의 여지를 주지 않고 그들을 전쟁으로 몰고 갔다는 것이다. 이 역시 제대로 된 설명이 아니다. 대중은 결정이 내려진 후에야 갈채를 보냈다. 이후로 1930년대나 또는 오늘날에도 종종 있는, 정치가들이 무엇을 하도록 또는 하지 않도록 만들기 위한 시위가 전혀 없었다. 예를 들어, 오스트리아-헝가리에서는 전쟁 선포 후에야 대중이 "세르비아의 개들에게 죽음을"이라고 외쳤다. 베를린에서 "오스트리아-헝가리의 편에 서라"고 쓴 플래카드를 흔드는 사람은 없었다. 사실 오스트리아-헝가리를 지지하는 이러한 정서는 외무성을 벗어나 어떤 독일인들에게도 일어나지 않았을 것이다. 독일 대중은 동원령이 내려지고 나서야 환호했으며, 그들이 환호한 것은 독일이 러시아로부터 대규모 침략을 받을 위험에 직면했다고 믿었기 때문이다.

상트페테르부르크에서 "세르비아의 편에 서라"고 쓴 플래카드는 없었다. 여기서도 대중은 차르 니콜라이 2세가 러시아 영토에 침략자가 한 명이라도 들어오는 한 화해하지 않겠다는 엄숙한 맹세를 했을 때에야 환호했다. 바로 이때는 사실 침략자가 한 명도 없었다. 프랑스 대중은 푸앵카레 대통령이 상트페테르부르크에서 돌아왔을 때 애국적 지지를 시위했지만 푸앵카레에게 이런 환호가 필요했다고 보는 것은 터무니없는 생각일 것이다. 영국은 전쟁에 들어가기 전에 대중이 시위를 벌인 유일한 나라였는데, 공휴일이라 밖으로 나온 군중은 자신들에게 무엇에 환호하는지 물었다면 당혹스러웠을 것이다. 프랑스를 염려하는 영국인은 거의 없었다. 러시아를 염려하는 이는 아무도 없었고, 벨기에의 사정을 아는 이는 거의 없었다. 짐작건대 영국인들은 다른 나라들이 이미 전쟁에 들어섰으니 자기 나라가 홀로 남겨지면 안 된다 생각했을 것이다. 영국인들이 이렇게 생각했다고 해서 그들이 특별히 호전적이었다고 결론지으면 부당한 일일 것이다. 그들의 환호가 정부의 결정에 그다지 큰 영향을 주지도 않았다.

모든 나라 정부는 여론을 거의 중요하게 고려하지 않고 결정을 내렸다. 좀 더 세부적으로 보면, 외상들이 내리는 결정은 일종의 절차적 실행이었다. 그들에게 영향을 주는 고려 사항들은 이전과 아무런 차이가 없었다. 세력균형이 붕괴되었고 그래서 독일 각료들이 전쟁을 하고자 했다는 견해가 있었다. 사실은 정반대다. 이전의 몇 해 동안 독일은 나라들 가운데 가장 강했고 다른 나라들은—예를 들어 1909년의 러시아, 1905년과 1911년의 프랑스는—독일의 위협에 부딪쳤을 때 물러났다. 1914년 프랑스인들과, 좀 더 머뭇거리기는 했던 러시아인들은 자신들이 위협에 맞설 수 있을 만큼 강하다고 생각했다. 이는 단지 정서의 변화였을 수도 있고 실제 힘의 변화였을 수도 있다. 어쨌거나 드러난 결과는 독일이 신속한 승리를 거둘 수 없었다는 것이다. 이전 위기 때는 모두 독일이 그럴 수 있을 거라 생각했지만 말이다.

앞선 위기들은 전쟁 없이 종료되었다. 부분적으로는 쟁점이 된 사안들에 싸울 가치가 없어서였다. 1898년 프랑스의 나일강 상류 접근, 1905년과 1911년 프랑스의 모로코 장악, 심지어 1909년 세르비아의 보스니아에 대한 권리 주장은 거의 중요하지 않은 일이었다. 1914년에는 정말로 중요한 문제가 있었다.

합스부르크가가 세르비아 민족주의에 대해 위신을 보여야 했다. 그런데 어느 강대국도 이 일에 반기를 들려고 하지 않았다. 모두가 "베오그라드에서의 정지"라 불린 완벽하게 만족스러운 외교적 해결책을 묵묵히 받아들일 터였다. 하지만 위기는 해결책을 피해 저 멀리 다른 곳에 강대국들을 데려다 놓았다.

요점만 간추려 말하면, 1914년에 전쟁이 발발한 유일한 원인은 속도와 공세에 대한 믿음의 산물인 슐리펜 계획이었다. 독일이 프랑스와 러시아에 동원하지 말라고 요구할 때까지는 외교가 작동했다. 당시 상황에서 어떤 나라도 그런 요구를 받아들일 수는 없었을 것이었다. 하지만 독일인들에게 유럽의 자유를 무너뜨리려는 계획된 의도는 없었다. 어느 누구에게도 계획된 의도를 품을 시간 혹은 생각할 수 있는 시간이 없었다. 모두가 군사적 준비를 위한 기막히게 정교한 틀에 갇혀버렸다. 특히 독일인들이 그랬다. 모든 나라 국민들이 자신들의 나라를 지키기 위해 싸우러 나간다 생각했다. 어떤 의미에서는 옳았다. 모든 나라의 일반참모부가 공격이 유일한 방어책이라 믿었으므로 모든 방어 작전은 다른 누군가에 대한 공격으로 보였다.

제1차 세계대전의 발발에 관해서 더 이상 밝혀져야 할 것은 없다. 억지책으로도 억지에 실패한 것이다. 언젠가는 그럴 것

압도적인 시간표의 힘. 남자들이 전쟁에 나가다.

이라 생각했어야 했다. 억지책은 아흔아홉 번 성공하더라도 한 번 실패할 수도 있다. 그 한 번의 실패로 대참사가 빚어진다. 억지책을 찾고자 하는 현대인들에게 제1차 세계대전이 남긴 교훈이다.

1870-1871년 프로이센-프랑스전쟁

1875년   보스니아에서 오스만튀르크에 대항한 반란이 일어나다.

1878년   베를린 회의에서 보스니아와 헤르체고비나의 관할권이 오스트리아-헝가리로 넘어가다.

1879년   비스마르크가 독일과 오스트리아-헝가리의 동맹을 출범시키다.

1882년   독일-오스트리아 동맹에 이탈리아가 합류해 삼국동맹을 형성하다.

1884년   아프리카 문제에 관한 베를린회담에서 콩고 분지의 자유로운 교역과 노예무역 폐지가 결정되고, 콩고자유국이 국제적 승인을 얻다.

1893년   시암을 놓고 벌어진 프랑스와 영국 간의 위기

1894년   프랑스와 러시아가 이국동맹을 이루다.

1898년   파쇼다에서 키치너가 마르샹에 맞서다. 독일의 첫 해군 법안이 통과되고, 티르피츠가 해군연맹을 설립하다.

1899년   프랑스인들이 나일강 연안의 모든 영토를 포기하다.

1902년   영국-일본 동맹이 체결되다. 삼국동맹이 갱신되다.

❶ 1878년 베를린 회의

❷ 차르 니콜라이 2세

❸ 제독 존 피셔 경

1904년   영국-프랑스 협상으로 두 나라가 서로 간의 불일치를 해결하다.

1905년   독일 황제 빌헬름 2세의 탕헤르 방문과 함께 제1차 모로코 위기가 벌어지다. 영국-프랑스 군사회담이 열리다.

1906년   알헤시라스 협정으로 프랑스와 스페인이 모로코에서 우월한 지배권을 갖다.

1907년   페르시아, 아프가니스탄, 티베트에 관한 영국-러시아 협상이 맺어지다.

1908년   오스트리아가 보스니아와 헤르체고비나를 합병하다.

1909년   세르비아가 보스니아를 둘러싼 분쟁에서 오스트리아에 굴복하다.

1911년   제2차 모로코 위기가 발생하다. 독일의 포함 판터 호가 아가디르에 닿다.

1912년   모로코의 술탄이 모로코를 프랑스의 보호령으로 만드는 조약에 서명하다.

      10월 18일 제1차 발칸 전쟁이 발발하다.

1913년   6월 29일-7월 30일 제2차 발칸 전쟁

1914년   6월 28일 프란츠 페르디난트 대공 부부가 사라예보에서 가브릴로 프린치프에게 살해당하다.

      7월 5일 오스트리아 대사가 빌헬름 2세와 상황을 논의하다.

      7월 23일 오스트리아-헝가리가 베오그라드에 최후통첩을 전달하다.

      7월 24일 러시아 외상 사조노프가 오스트리아-헝가리에 인접한

❶ 차브리노비치

❷ 프린치프

❸ "전쟁은 신이 만든 질서의 일부다." 독일에서 만든 성냥갑에 있는 문구

군관구에 동원할 것을 촉구하다.

7월 25일 세르비아가 동원을 결정하고 니시로 정부를 옮기다. 오후 5시 55분 파시치가 최후통첩에 답하고 오스트리아-헝가리는 세르비아와 관계를 끊다.

7월 26일 에드워드 그레이 경이 발칸 위기에 대한 4개국 중재를 제안하다. 사조노프가 오스트리아-헝가리와의 대화를 시도하다.

7월 28일 오스트리아-헝가리가 세르비아에 전쟁을 선포하다. 빌헬름 2세가 "베오그라드에서의 정지"를 제안하다.

7월 30일 러시아가 동원을 결정하다.

8월 1일 독일이 러시아에 전쟁을 선포하다. 벨기에가 중립을 선언하고 동원을 결정하다.

8월 2일 독일이 벨기에에 최후통첩을 전달하다.

8월 3일 독일이 프랑스에 전쟁을 선포하고 벨기에를 침공하다.

8월 4일 영국과 벨기에가 독일에 전쟁을 선포하다. 독일이 벨기에에 전쟁을 선포하다.

8월 5일 애스퀴스가 전쟁위원회를 소집하다.

8월 6일 영국 원정군이 모뵈주로 보내지다. 오스트리아-헝가리가 러시아에 전쟁을 선포하다.

8월 12일 세르비아가 독일에 전쟁을 선포하다. 프랑스와 영국이 오스트리아-헝가리에 전쟁을 선포하다.

❶ 베를린에서 일차로 소집된 예비군들

❷ 1913년에 홀로 시위하는 프랑스의 어느 평화주의자

　　1919년 이후 전쟁의 원인에 대한 연구가 매우 크게 번성했다. 독일인들은 베르사유 조약에 나타난 대로 자신들만 전쟁에 책임이 있는 것은 아님을 보이기 위해 나섰다. 영국과 미국의 많은 학자들이 별난 앵글로색슨 식으로 독일인들의 견해에 동의하게 되었다. 일어난 일들의 진행 경과는 삼척동자도 알 만큼 너무나 단순해 보였고 설명은 실망스러우리만큼 허술해 보였다. 사람들은 더 드러날 것이 있다면 더 알아낼 것이 있을 텐데 하고 생각했다. 지식이 이해를 가져온다는 흔한 근대적 망상을 드러내는 말이다. 정치가들은 회고록을 썼다. 각국 외무성은 문서를 공개하거나 아니면 명망 있는 학자들이 그 가운데 선별해 출판하는 것을 허용했다. 전쟁의 원인에 관한 문헌들을 기반으로 책들이 만들어졌다. 이러한 문헌에 관해서 필자의 *The Struggle for Mastery in Europe 1848-1918*(1954)에 소개된 것을 참조하면 매우 편리할 것이다.

　　2차 문헌 가운데, 가장 상식을 벗어나 독일 편향적인 것으로 해리 엘머 반스Harry Elmer Barnes의 *The Genesis of the War*(1926)가 있고, 좀 더 솜씨 있게 독일 편을 드는 것 S. B. 페이S.B.Fay의 *The Origins of the World War*(1929), 가장 분별력 있게 쓴 것으로 B. E. 슈미트B.E.Schmitt의 *The Coming of the War*(1930)가 있다. 세 권 모두 쓰인 지 오래되었다. 이탈리아의 언론인 루이지 알베르티니Luigi Albertini가 훨씬 더 자세하고 아주는 아니지만 비교적 최근 연구인 *The Origins of the War of 1914*을 내놓아

영역본이 1952년부터 1957년에 걸쳐 나왔다. 옛날 방식으로 다룬 마지막 연구다.

최근에 관점의 폭이 넓어지고 문서 접근이 좀 더 가능하게 됨에 따라 제1차 세계대전 원인 연구가 새로운 전기를 맞았다. 블라디미르 데디예르^{Vladimir Dedijer}의 *The Road to Sarajevo*(1966)는 이전의 모든 설명을 대체하는 뛰어난 분석을 제공한다. 이전 것들이 오스트리아 편향적인 관점이었다는 데서 특히 그렇다. 게르하르트 리터^{Gerhard Ritter}는 슐리펜의 문서와 해설을 담은 *The Schlieffen Plan*(1958)을 펴냈다. 프리츠 피셔^{Fritz Fischer}는 *Griff nach der Weltmacht*(1961)에서 전쟁 중의 독일의 목적들을 드러내면서 독일이 이러한 목적들을 전쟁 발발 전에도 품고 있었다고 주장했다. I. 가이스^{I. Geiss}는 *July 1914*(1967)이라는 제목이 붙은 문서집에서 이러한 주장을 보강했다. 독일 정치가들은 다른 나라 정치가들과 마찬가지로 자신들이 무엇을 하고 있는지 몰랐을 가능성이 더 높다. 결정적인 시기에 관한 잘 알려진 훌륭한 설명으로 조지 맬컴 톰슨^{George Malcolm Thomson}의 *The Twelve Days*(1964)가 있다.

이제야 문서가 제한 없이, 있더라도 거의 제한 없이 공개되었다. 앞으로 무엇이 더 밝혀질지 짐작하기 어렵다. 내 생각인데, 베르히톨트와 베트만-홀베크, 사조노프와 푸앵카레의 정책은 지금도 충분히 밝혀졌다. 하지만 영국의 정책을 연구하다 보면 놀랄 일이 많이 남아 있다. 우리는 여전히 내각에서 무슨 일이 벌어졌는지 자세히 알지 못하며 군사 전문가들이 어떤 판단을 내렸는지도 모른다. 탐구할 가치가 있는 주제들이다.

이 책은 A. J. P. Taylor, *War by Time-Table: How the First World War Began*(New York: American Heritage Press, 1969)을 우리말로 옮긴 것이다. 유럽 정치가들이 기차 시간표의 힘을 거스를 수 없어 제1차 세계대전이 일어났다는 테일러의 주장은 히틀러가 전쟁을 원하지 않았다는 그의 제2차 세계대전에 관한 주장만큼이나 도발적이다. 다소 황당하게 들리기까지 하는 이 주장은 매우 설득력 있는 설명으로 이어진다. 철도 시대를 맞은 유럽 국가들이 전쟁을 수행하기 위해서는 그 전에 병력과 군수물자를 기차를 이용해 전장으로 이동시켜야 했다. 1914년 프란츠 페르디난트 대공 암살로 벌어진 7월 위기에 나라들은 이러한 동원을 상대국에 대한 억지 수단으로 생각했다. 그러나 모든 나라의 동원 시 독일은 양면전쟁의 가능성으로 가장 취약했기에 서부전선에서 프랑스를 먼저 패배시켜야 했고, 전쟁에 돌입할 수밖에 없었다. 다른 나라들도 부분 동원으로는 실제 전쟁이 일어났을 때를 대비할 수 없어 전면 동원을 할 수밖에 없었고, 그 결과 힘을 보이려고, 상대를 억지하려고 위협하려던 행동인 각국의 동원이 전쟁으로 이어지게 되었다는 것이다.

사람들은 논쟁적인 주장으로 지적 호기심을 불러일으키는 테일러의 새로운 주장에 환호했으며 힘을 통한 억지책에 골몰하는 나라들의 안보전략에 대한 일침에 고개를 끄덕였다. 무엇보다 독단론적이거나 결정론적인 이론이 아니라 그 시대의 많은 문제들을 안고 고군분투하는 사람들의 이야기로 1914년 7월의 위기를 설명하는 것이 신선한 자극이 되었다. 유럽의 패권경쟁, 동맹체제와 세력균형, 세력전이, 제국주의, 민족주의, 계급갈등과 사회적 불안 등의 다양한 문제 그리고 각 나라가 겪어온 문제들과 이에 관한 각국의 상호작용, 그 위에 쌓여진 외교적 전통을 전부 다루면서도 어느 하나에 치우치지 않는다.

사람들의 환호에도 불구하고 역사학계는 잠잠했는데 이는 제1차 세계대전의 원인에 관한 오랜 논쟁 속에 테일러의 설명이 자리를 잘 잡았기 때문이다. 전쟁이 끝나기도 전부터 각국은 전쟁의 책임이 누구에게 있는지에 대해 정당화를 시도했고 전후에는 베르사유 강화조약의 기본 입장대로 패전국 독일에 책임이 있다는 생각이 팽배했다. 그러나 곧 침략적인 나라는 프랑스와 러시아였다거나 어느 나라도 비난에서 자유로울 수 없다는 수정주의적 입장이 등장했다. 개중에는 반대로 어느 나라도 전쟁을 원하지 않았으며 위기가 전쟁으로 확대된 것이 외교의 실패였다는 생각도 있었다.

1950~60년대에는 두 가지 방향으로 논쟁이 확대되었는데, 전쟁의 원인은 침략성이 아니라 오인과 군국주의 등에 이끌린 독일의 정책 결정에 있었다는 루이지 알베르티니Luigi Albertini와 게르하르트 리터Gerhard Ritter 등의 설명이 첫 번째고, 두 번째는 새로 공간된 독일 문서에서 독일의 팽창 욕구를 드러낸 프리츠 피셔Fritz Fischer의 저작 덕분에 다시 힘을 얻은 독일 책임론이었다. 이러한 논쟁에 따라 이후의 관심은 독일의 대외관계와 국내정치의 상대적 중요성 혹은 상호작용, 독일 통치자들의 자국의 힘과 외부 위협 인식 등에 쏠렸다. 제1차 세계대전 백주년을 맞아 나온 크리스토퍼 클라크Christopher Clark의 저작은 1914년 7월 위기뿐 아니라 이전부터 특히 발칸 문제를 둘러싸고 벌어진 각국의 결정과 행동이 쌓여간 과정도 중요하고, 어느 국가가 더 책임이 있다는 식의 논의는 의미가 없다고 하는 수정주의의 입장으로 다

시 돌아가기도 했다.

　　테일러의 주장은 이러한 백 년의 논쟁에서 알베르티니와 리터의 논의와 함께 생각할 수 있다. 독일의 결정과 행동이 자신의 전략적 상황에 따라 이미 예정되어 있던 것이라는 측면을 강조할 때 그렇다. 물론 이 시기 군사전략에 지대한 영향을 주었던 '기차를 이용한 동원계획'이라는 배경이 전체적으로 중요했다. 하지만 알베르티니와 리터의 논의와 비교해보면, 테일러의 논의에는 독일을 포함해 모든 나라들이 전쟁을 피하려고 동원을 결정하고 실행했다고 하는 측면도 두드러진다.

　　역사학계에서 백 년에 걸쳐 논쟁이 이루어질 정도로 많은 내용과 다양한 관점이 교차하는 주제이기에 이렇게 짧게 소개할 수밖에 없는 것이 못내 아쉽고 부끄럽기까지 하지만 많은 사람들이 이해하고 즐길 수 있는 역사책을 쓰고자 했던 테일러의 의도를 생각하면, 또 사진을 제외하고 백오십 페이지가 채 안 되는 책의 분량을 생각하면 이쯤에서 멈추어야 할 것 같다. 아무쪼록 이 책으로 사람들이 제1차 세계대전에 더 많은 관심을 가지고, 역사를 새로운 관점으로 바라보고, 우리의 문제를 더 깊이 생각할 수 있으면 좋겠다.

옮긴이 유영수

서울대학교 외교학과를 졸업하고 미국 뉴욕주립 빙햄튼 대학교에서 정치학 박사학위를 받았다. 공군사관학교 전임강사를 지냈고, 현재 북한대학원대학교에서 조교수로 가르치고 있다. 논문으로 「민주주의 국가의 인권 정치: 한국과 스페인의 양심적 병역 거부권 인정 문제를 중심으로」, 「체제 전환 과정의 제도, 선호, 그리고 인권 보호」 등이 있고, 『준비되지 않은 전쟁, 제2차 세계대전의 기원』, 『지도와 사진으로 보는 제1차 세계대전』, 『지도와 사진으로 보는 제2차 세계대전』 등을 우리말로 옮겼다.

기차 시간표 전쟁
제1차 세계대전의 기원

초판 1쇄 발행 2022년 8월 26일

지은이 —— A.J.P. 테일러
옮긴이 —— 유영수
펴낸이 —— 최용범

편집기획 —— 박호진, 예진수, 이자연
디자인 —— 장원석
관 리 —— 강은선

펴낸곳 —— 페이퍼로드
출판등록 —— 제10-2427호(2002년 8월 7일)
　　　　　　서울시 동작구 보라매로5가길 7 1322호
　　　　　　Tel (02)326-0328 | Fax (02)335-0334

이메일 —— book@paperroad.net
페이스북 —— www.facebook.com/paperroadbook

ISBN 979-11-92376-07-3 (03920)